从甲骨文到周易

——安阳历史文化二讲

王志轩 著

新华出版社

红旗渠精神同延安精神是一脉相
不可磨灭的历史记忆，永远震撼

——习近平总书记在

是中华民族

红旗渠精神同延安精神是一脉
相承的是中华民族不可磨灭的
历史记忆，永远震撼人心

敬录习近平总书记二零二二年十月廿六日在
河南红旗渠考察时的讲话 癸卯秋孙燿

要用红色資源精神敎育人民，特別是廣大青少年，社會主義是拼出來、幹出來、拿命換來的，不僅過去如此，新時代也是如此。

習近平總書記在安陽考察時講話節錄　賀稔於京華

目录

一、安　阳

（一）安阳简介

安阳是中国八大古都之一、国家历史文化名城，古称"大邑商""殷""邺""相州""彰德"等。安阳是商朝中后期都城所在地，是早期华夏文明的中心之一。自商王盘庚迁殷，历经八代十二王，商朝在此定都，再也没有迁徙。后来的曹魏、后赵、冉魏、前燕、东魏、北齐也在此一带建都，安阳因此有"七朝古都"之称。

1899 年，安阳殷墟甲骨文被发现，"一片甲骨惊世界"。殷墟于 2006 年被联合国教科文组织列入《世界文化遗产名录》；甲骨文也于 2017 年入选联合国教科文组织《世界记忆名录》。安阳是工业重地，工业门类齐全，拥有 41 个工业大类中的 36 个；是枢纽要地，"五纵六横"高速公路网、"井"字形铁路网和四通八达的航空运输网络加速形成；是文旅胜地，甲骨文的故乡、周易的发源地；是农业基地，农业农村部规划的粮食、棉花、油料优势种植区域；是精神高地，红旗渠精神的发祥地、岳飞故里、县委书记好榜样谷文昌的故乡。

从地理来看，安阳地处豫北，西与山西省长治市共太行山一脉，北与河北省邯郸市隔漳水相望，自古以来为南北交通要冲。安阳现下辖1个县级市（林州市）、4个县（安阳县、滑县、内黄县、汤阴县）、4个市辖区（文峰区、北关区、殷都区、龙安区），总面积约7413平方公里。安阳属暖温带大陆性季风气候，四季分明、雨热同期。

（二）历史沿革

安阳这片沃土，是早期华夏文明的一颗璀璨明珠。

在古老的地理著作《尚书·禹贡》中，安阳属于冀州之域。安阳世代相传为商王河亶甲所建都城。如今，考古工作者也发现了商代中后期的都城遗址殷墟和洹北商城。春秋时期，安阳属晋国，战国时期主要属魏国。

秦朝，安阳为邯郸郡、河内郡、上党郡辖地。汉朝初年分置魏郡，治所在邺城，属冀州。

三国曹魏政权建立邺都。西晋仍称邺都为魏郡，属于司州。北魏改置为相州。东魏迁都于此，改为司州魏尹。北齐改魏尹为清都尹。北周建德六年，复改为相州魏郡。北周大象二年，相州魏郡的治所邺城被刻意摧毁，其州郡的治所和居民向南迁徙于今安阳城。

唐朝天宝初年，改为邺郡；乾元初年，复改为相州，属河北道；广德元年，置"相卫节度使"，治相州；大历元年，赐号"昭义军节度"，之后节度徙治潞州，而相州属魏博节度；太和三年，复置"相卫澶节度使"，治相州，寻罢，仍属魏博节度。入五代，相州属天雄军节度；后梁分置"昭德军节度"；后唐复属天雄军节度；后晋天福二年，于相州置"彰德军节度"。

入宋朝，安阳称相州、邺郡、彰德军，属河北西路。金明昌三年，升为彰德府。蒙古至元二年为彰德路，直隶中书省。明朝仍为彰德府，属河南布政使司。清朝因之，属河南省[①]。

1913 年民国政府颁布《划一现行各省地方行政官厅组织令》，废彰德府。民国时安阳属河南省第三区行政督察专员公署，领 11 县。

1949 年中华人民共和国成立，安阳属于平原省，为省辖市。1952 年平原省撤销建制，安阳市划归河南省，现为河南省辖市。

（三）山河形胜

安阳为什么能成为古都？这是由很多因素促成的，地理优势就是其中一个条件。

众所周知，中国的地形分为三大阶梯。安阳位于华北，在太行山东麓，是中国地理第二级阶梯和第三级阶梯交界的地方，安阳在东亚大陆位置如图 1-1 所示。

---

① 张元济等：《四部丛刊续编·史部·嘉庆重修一统志》，北京：商务印书馆，1934 年，第 72 册，第 56 页。

图 1-1　安阳在东亚大陆位置示意图

回顾中华文明史，夏、商、周三个王朝分别在什么地方定都呢？概括地说：夏都河东（今山西省南部），商都河内（今太行山南段的东麓），周都河南（今河南省洛阳一带）——这些地方是古代的"三河"地区。

1963 年陕西出土的青铜器"何尊"，上面铭文记载着周朝在武王伐纣后，在中原营建东都成周（洛阳）的故事。何尊的铭文中有"宅兹中国"四个大字，"中国"是指中央的土地，如图 1-2 所示。

夏、商、周三代都城所在的"三河"地区，是早期中华文明的中心。

安阳的地理优势在哪里呢？它位于太行山和古黄河之间狭长走廊中，其西为太行绝壁、崇山峻岭，其东是滚滚黄河、茫茫黄河泛滥区。古人把安阳比喻成"天下腰"，甚是精辟。此处有高山，有深水，有平原，可为经济发展提供丰富的物质资源。

图 1-2　青铜铭文"宅兹中国"

晋朝左思撰写的《魏都赋》这样评价安阳形胜："尔其疆域，则旁极齐秦，结凑冀道。开胸殷卫，跨蹑燕赵。山林幽峡，川泽回缭。"古籍《图经》记载："西邻泽潞，东接大名，南卫辉而北洺磁，兼冈脊而带沃土。"《相台志》记载："其地平广阔大，挟上党，抚襄国，跖澶腋卫，常为天下腰。"

历史学家顾祖禹在《读史方舆纪要》中，也将安阳描绘为"天下之腰膂"。他说："彰德府山川雄险，原隰平旷，据河北之噤喉，为天下之腰膂。"这个比喻形象地说明了安阳地理位置的重要性。如果把中国比作一个人，那么安阳位于腰部，即关键位置，是南北交通的枢轴。

1952 年，毛泽东主席视察安阳，对省、地负责人语重心长地说："安阳是个好地方，是曹操起家的地方，战略地位很重要，自古就是兵家必争之地。你们要好好工作，把安阳建设得更美更好。"

自古以来，华北平原的交通要道主要在太行山东麓，是中国南北交通大动脉。

安阳自古以来就是军事重镇。特别是在历史上南北大分裂的时期，如果有军阀占据安阳，截断了南北交通，他就有条件雄踞一方。在中国历史上的分裂乱世，安阳是兵家必争之地。曹操定都并经营邺城的原因就在于此。曹魏之后有五个割据政权先后在这里建都。这些历史都证明了安阳地理位置的重要性。

安阳一带山环水绕，地灵人杰（见图1-3、图1-4）。

图1-3　安阳市林州太行大峡谷

图 1-4　八百里太行安阳段

（四）厚重文化

约公元前 1300 年，距今三千三百年左右，正是中国的商朝时期，商王盘庚率领百姓迁都于此，开始为这片土地谱写华彩篇章。古代商部族曾经多次迁都，史书记载"前八后五"，共十三次迁都。直到商王盘庚迁都于殷，即今安阳市区西北小屯村一带，在这片丰饶的土地上，商王朝便安定下来，也为这片土地赋予了永恒的历史定位。

整个商朝中后期，安阳作为都城的地位非常稳固，商王朝再也没有迁都。商王朝在安阳定都后，传位 8 代 12 王，历时 254 年——这是"夏商周断代工程"的研究成果，而根据历史文献《竹书纪年》的记载，历时 273 年。

殷商之后，曹魏、后赵、冉魏、前燕、东魏、北齐先后在此建都。《隋书·地理志》记载："魏都邺郡，士女被服，咸以奢丽相高，其性所尚，习得京、洛之风。"《彰德府志》记载："土狭人稀，雅重儒术，而耕凿甚勤。"

安阳的厚重文化体现在其悠久的历史与丰富的文化遗产。殷墟、甲骨文、青铜器、颛顼帝喾二帝陵、周易、邺文化、岳飞故里、红旗渠等，这些文化元素共同形成了安阳独特的文化魅力，使其在中国文化中占据重要的地位（见图 1-5 至图 1-11）。

图 1-5　安阳市内黄县颛顼帝喾二帝陵

图 1-6　盘庚迁殷

图 1-7 安阳市汤阴县羑里周易博物馆

图 1-8 曹操高陵

图 1-9　安阳市汤阴县岳飞庙（岳忠武王庙）

图 1-10　安阳马氏庄园

图 1-11　红旗渠青年洞

　　新时代的安阳历史文化也在不断地传承和创新中发展展示出新的活力与风采。

二、甲骨文

（一）一片甲骨惊世界

　　甲骨文的发现，是近代文化史上的一件大事。学者惊呼："一片甲骨惊世界，蕞尔一邑震寰宇。"有人可能会问：甲骨文不过是刻在龟甲兽骨上的古代文字，为什么能震惊世界呢？

　　甲骨文是 1899 年发现的，当时正值清朝末年，时局动荡。晚清的中国沦为半封建半殖民地社会，经济落后，人民生活困苦，国家风雨飘摇；在文化方面，疑古思潮和历史虚无主义泛滥，中国人仿佛失去了文化自信。

　　在晚清时期，中国文化受到了西方文化的严重冲击。很多西方汉学家质疑中国的历史文化，认为中国的历史没有传说中的五千年那样久远。有人认为中国的历史是虚构的，是"累积"起来的古史。在这个背景下，甲骨文的发现就像一颗重磅炸弹，震惊世界。

　　甲骨文的发现意义重大，它不仅证明了中国的殷商文明是真实可信的，也增强了中国人民的文化自信心。甲骨学迅速发展成为一门世界级显学，受到了全世界的高度重视。

图 2-1　一块完整的甲骨文（龟腹甲）

　　一百多年来，安阳殷墟（见图 2-1、图 2-2、图 2-3）出土了十几万片甲骨。甲骨文记载了商朝政治、经济、文化、生活的方方面面，特别是商王的名字、世系以及他们的生活，一个尘封的王朝活灵活现

图 2-2　世界文化遗产——殷墟

地出现在人们面前。更令人振奋的是，这些甲骨文内容与司马迁所写的《史记·殷本纪》相互印证，为中国殷商文明的真实性提供了有力证据。

图 2-3　殷墟鸟瞰图

目前，学者们已经推进了"夏商周断代工程"和"中华文明探源工程"的研究，考古学者正在积极寻找夏都和夏文化。同时，全国各个时期的考古工作，时有重大发现。中国一万年的文化史和五千年的文明史，已经得到了考古学和历史学的有力支撑。而这一切，追溯起来，1899 年甲骨文的发现是一个转折点。

（二）中央、省、市重视甲骨文

习近平总书记对殷墟甲骨文传承发展与研究应用工作高度重视。

在甲骨文发现 120 周年的时候，习近平总书记专门写了贺信：

习近平致甲骨文发现和研究 120 周年的贺信

值此甲骨文发现和研究 120 周年之际，我谨向长期致力于传承弘扬甲骨文等优秀传统文化的专家学者们表示热烈的祝贺，并致以诚挚的问候！

殷墟甲骨文的重大发现在中华文明乃至人类文明发展史上具有划时代的意义。甲骨文是迄今为止中国发现的年代最早的成熟文字系统，是汉字的源头和中华优秀传统文化的根脉，值得倍加珍视、更好传承发展。

新中国成立 70 年来，党和国家高度重视以甲骨文为代表的中华优秀传统文化传承和发展，多部门多学科协同开展甲骨文研究和应用，培养了一批跨学科人才，经过几代人辛勤努力，甲骨文研究取得显著成就。新形势下，要确保甲骨文等古文字研究有人做、有传承。希望广大研究人员坚定文化自信，发扬老一辈学人的家国情怀和优良学风，深入研究甲骨文的历史思想和文化价值，促进文明交流互鉴，为推动中华文明发展和人类社会进步作出新的更大的贡献。

习近平

2019 年 11 月 1 日

2022 年 10 月 28 日，党的二十大闭幕不久，习近平总书记又亲临殷墟考察并作出重要指示。习近平总书记强调："中华文明源远流长，从未中断，塑造了我们伟大的民族，这个民族还会伟大下去的。""殷墟我向往已久"，"中国人是了不起的，我们有 5000 多年源远流长的文明历史，是世界古代文明中唯一没有中断而延续至今的。"习近平总书记指出："中华文明具有突出的连续性，从根本上决定了中华民族必然走自己的路。如果不从源远流长的历史连续性来认识中国，就不可能理解古代中国，也不可能理解现代中国，更不可能理解未来中国。"

习近平总书记的重要指示，使我们进一步坚定了文化自信。

2023 年 11 月，河南省委、省政府印发《关于支持安阳以红旗渠精神为引领建设现代化区域中心强市的意见》（以下简称《意见》），赋予安阳"一高地一区三中心"的发展定位，这是省委、省政府贯彻落实习近平总书记视察河南重要讲话精神的又一重磅措施、支持安阳发展的又一重大机遇。《意见》印发不到一周，河南省委书记楼阳生莅临安阳调研指导，指出要深入挖掘文字承载的历史底蕴和文化内涵，传承弘扬中华优秀传统文化，推进文旅文创融合发展，把殷墟甲骨文打造成为中华文化新地标、中原文旅新名片。

安阳市高度重视甲骨文，先后建设了中国文字博物馆和殷墟博物馆。

图 2-4　中国文字博物馆

中国文字博物馆是经国务院批准建设的集文物保护、陈列展示和科学研究于一体的国家一级博物馆，是中华汉字文化的科普中心，全国科普教育基地，全国爱国主义教育示范基地，如图 2-4 所示。

中国文字博物馆一期工程于 2009 年 11 月 16 日建成开放，续建工程和汉字公园于 2022 年 11 月 16 日建成开放。两期工程共占地 470 亩，主要包括宣文馆、徽文馆、博文馆主体建筑和汉字公园，是一个主题鲜明、功能完备、风格独特的现代化文字文化中心园区。

图 2-5　殷墟博物馆新馆开馆仪式

　　殷墟博物馆新馆于 2024 年 2 月 26 日开馆。新馆坐落于洹水之滨，与殷墟宗庙宫殿区隔河相望，是首个全景式展现商文明的国家重大考古专题博物馆，采取安阳市政府与中国社科院考古研究所"央地"共建模式，总投资约 10.6 亿元，占地面积 262.5 亩，建筑规模 5.1 万平方米，展览面积约 2.16 万平方米，主体建筑共 4 层，高 22 米，宽146 米，分地下 1 层、地上 3 层。

图 2-6　殷墟博物馆新馆

　　殷墟是中华民族的精神标识，是我国历史上第一个有文献可考、为考古发掘和甲骨文所证实的商代晚期都城遗址，也是我国考古发掘次数最多、持续时间最长的古代都城遗址，被誉为"中国现代考古学的摇篮"。

　　殷墟博物馆新馆在建筑设计方面，以《诗经·商颂》为源，以绿野草台、鼎立大地、层叠深邃、青铜装裹为形，以绿色低碳、可持续的发展模式为要，形成具有殷墟文化内涵和考古学意义的"中华之范、文明圣殿"（见图2-5、图2-6）。

殷墟博物馆既是殷墟考古和商文明研究成果的系统梳理总结和有力呈现，也是新时代殷墟大遗址保护利用工作的一个新起点，具有承前启后的重要意义。该馆将致力于打造成为国际先进的文物考古研究中心、商文明国际交流传播平台和国家文化地标。

汉字是中华文明的重要标志，也是传承中华文明的重要载体。2024年，中国文字博物馆等单位开展了"一片甲骨走世界"活动，如图2-7所示。

图2-7　"字里行间——汉字中的文明密码展览"在巴黎开幕

（三）甲骨文与中华文明

人类社会经历了从野蛮到文明的发展历程。

远古时期，文字发明之前，人类处于野蛮蒙昧的生活状态，生产力低下，茹毛饮血，群居穴处。由于没有文字，社会契约难以达成，法律制度难以推行，弱肉强食和血亲复仇普遍存在，难以形成稳定的经济政治秩序，人们积累的知识文化也难以传播与传承。

随着生产力的发展，社会的不断进步，人类发明了文字。文字是文明的基本要素之一。人类文明的演进，犹如一场华丽的交响乐章。从学会用火、穿上衣物、入住房屋开始，文字、法律、警察、监狱、军队等国家元素的涌现，犹如各种乐器，和谐共鸣，使人类的文明旋律优美而庄重。人类社会用文字明确了禁忌与规矩、荣辱与廉耻、礼仪与道德、犯罪与惩罚，社会政治文化与生产生活有条不紊，这便是文明的演进。

中国古代典籍中有"天下文明"（《周易·乾·文言传》）、"文明以止"（《周易·贲·象传》）等记载。什么是"文明"？唐朝学者孔颖达对此解释说："有文章而光明也。"

简单来说，"文明"就是用文字说明。用文字说明什么？用文字说明礼仪制度、法律法规，让人们去遵守；用文字记录人类发现发明的科技知识并传承下去，如此等等。人们按照文字说明的内容去生产生活，传承人类所发明创造的知识和文化，这就是"文明"。文明表示国家和社会面貌的开化，也表示国家和社会运行的公开透明，具有良好的公共秩序。

文字的诞生，是人类历史的重大事件，它让人类创造的智慧成果得以积累与传递。文字，是人类文明的坚实脚印。

目前所知的我国最早的成熟文字，就是安阳殷墟甲骨文。

夏鼐是我国一位考古学权威专家，新中国成立前，他便投身殷墟的科学发掘。新中国成立后，他在著作《中国文明的起源》（见图2-8）中，以形象的比喻，揭示了甲骨文背后的深层含义。夏鼐认为：自1928年安阳小屯的考古发掘开始，我们在田野中历经数年磨砺，终于取得丰硕的成果。至20世纪30年代，考古学所证实的商代文化的辉煌已是有目共睹。当时许多学者错误地将小屯殷墟文化视为中国最早的文明，甚至认为这就是中国文明的起点。其实，小屯殷墟文化已是一个高度发达的文明，若将其比作中国文明的起点，那就如同传说中的老子出生便拥有白胡子一般荒谬。

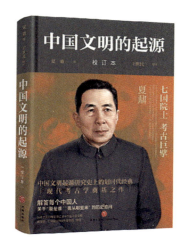

图2-8　夏鼐《中国文明的起源》

夏鼐将甲骨文比作老子，这个比喻有趣而生动。老子是春秋时期人，《道德经》的作者，传说他生来白发白胡，像个老头，因此得名老子。夏鼐借此形象地说明殷墟甲骨文是一种非常成熟的文字。甲骨文不可能是短时间内突然出现的，必然有一个长期孕育、发展的过程。换言之，甲骨文之前应有其他形式的文字存在。

目前我们尚未发现甲骨文之前的中国文字系统。但夏鼐的比喻非常合理，未来有可能发现更早的文字。期待考古学将来能揭开更多关于中国古老文明的秘密。

（四）从"伏羲画卦"到"仓颉造字"

让我们沿着文字演变的轨迹，追溯中华文明的曙光。

谈及汉文字的起源，可追溯至古代的"结绳记事"（见图2-9）。在文字尚未诞生的时代，人们通过结绳来记录事情。《周易》记载："上古结绳而治，后世圣人易之以书契，百官以治，万民以察。"

图2-9　结绳记事示意图

"圣人"发明了书契，以避免结绳记事容易造成的差错。百官据此治理天下，万民也可阅读这些文字，于是天下之事变得清晰明了。文字之光照亮了社会发展的道路，使得一切都变得清晰明白。简而言之，文字的出现开启了人类社会的文明之旅。

关于汉文字起源的传说，有一种说法是"伏羲画卦"（见图 2-10）。伏羲是古代传说的"三皇"之一，是古史传说中的帝王。"古者包牺氏之王天下也，仰则观象于天，俯则观法于地，观鸟兽之文与地之宜，近取诸身，远取诸物，于是始作八卦，以通神明之德，以类万物之情，"这段《周易·系辞传》的文字，记载了伏羲创制八卦的过程。

图 2-10　伏羲画卦

图 2-11 即传说中伏羲创造的八卦先天图。八卦由简单的阴爻和阳爻组成，阴阳爻通过排列组合，衍生出了八种可能，从而发展出了八卦。八卦的名称分别是：乾、兑、离、震、巽、坎、艮、坤。乾一、兑二、离三、震四、巽五、坎六、艮七、坤八，从乾一到坤八，对应八个方位，呈现出一个优美的"S"形。

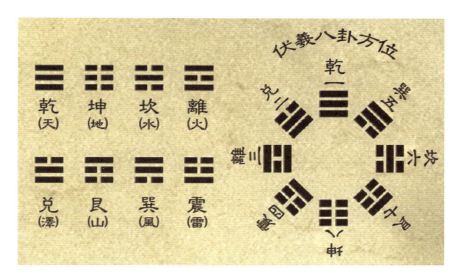

图 2-11　伏羲八卦示意图

伏羲八卦是一个结构，每一个卦都有无穷无尽的象征意义。仅从主要象征来说：乾代表天，兑代表泽，离代表火，震代表雷，巽代表风，坎代表水，艮代表山，坤代表地。

由阴阳符号组成的卦符，作为一个符号，虽然与文字有所区别，但并非截然不同。例如坎卦☵，它在中间是一个阳爻，上下各是一个阴爻。如果我们将坎卦旋转90度，就会发现它与甲骨文中的（水）相似。这让我们深思：八卦有可能是文字的源头之一。因此，"伏羲画卦"作为文字的源头，这种说法并非空穴来风，更不是无稽之谈。

另外一种传说"仓颉造字"更为流行。"仓颉造字"，也叫"仓颉作书"。

仓颉，又名史皇氏、苍王、仓圣等。《淮南子》皆记载仓颉是黄帝时期创造文字的史官，见鸟兽的足迹受启发，分类别异，加以搜集整理和使用，在汉文字创造的过程中起了重要作用，被尊为"造字圣人"。

虽然汉代的人们普遍认为仓颉是黄帝时期的史官，但魏晋以后，更多的人认为他是早于黄帝的远古帝王。仓颉的身份充满了神秘色彩，但我们可以肯定的是，他应该是历史上一位具有超凡智慧的人物，也是众人智慧的代表。

仓颉被历史文献描绘成具有四只眼睛的人（见图 2-12），这显然是一种传说，意在强调他的观察力和智慧。独特天赋使他能够洞察鸟兽足迹的微妙差异，从而按照"依类象形"和"形声相益"的原则创造文字。

图 2-12　仓颉像

所谓"依类象形"，核心思想是依照类别模仿自然万物的形态，如天空中的飞鸟、地上的走兽、水中的游鱼，以及人体的各种器官，乃至宇宙的日月星辰和山川草木，都成为他创造文字的灵感源泉。仓颉的造字原则被总结为"象形"，即根据事物的形状来创造相应的文字。

象形造字法为汉字的基础，由此衍生出会意、指事、形声、假借、转注等其他造字法和用字法。汉字中的"形声字"占了大多数，这就是"形声相益"。

尽管现代汉字中形声字占据了大多数，但它们的造字基础仍然是象形。因此，我们可以说汉文字是一种象形文字，其本质在于象形以表意，与读音的关系相对较弱。

总的来说，传说中的仓颉，以其非凡的智慧和观察力成为汉文字的创造者，而他所采用的象形法则为汉文字的发展奠定了基础。这种源于自然、寓意深邃的文字系统丰富了人类文明的宝库，为世界增添了独特的文化符号。

（五）从刻画符号到甲骨文

从现有考古资料看，汉文字的萌芽大约出现于新石器时代晚期。

我国目前已发现的最早的原始文字记号是河南省舞阳贾湖遗址刻画符号。约在 1983–2001 年，考古工作者先后进行了多次科学发掘。贾湖遗址的文化内涵十分丰富，其中出土有距今约 8000 多年的契刻符号。有学者研究认为这些契刻符号具有原始文字的性质。贾湖契刻符号共发现 17 例, 其中龟甲上刻符 9 例, 骨器上刻符 5 例, 陶器上刻符 3 例, 其特点均是契刻而成。刻画符号如图 2-13 所示。

图 2-13　贾湖遗址刻画符号图示

半坡遗址发现于 1953 年, 位于西安市东郊浐河东岸, 是典型的仰韶文化遗址, 距今 6000 年左右。从 1954 年至 1957 年, 考古工作者在此进行了 5 次科学发掘, 获得了大量珍贵资料, 特别是发现彩陶上有大量刻画符号, 具有重要的文化价值。半坡人在长期的生产生活实践中, 创造出了具有文字性质的刻画符号, 这些刻符大多保留在彩陶上, 发现有 100 多例、50 多种。这些符号大部分是在陶器未烧成之前刻上去的, 也有陶器烧成后或者使用后刻画的。在原始社会还没有文字时, 人们最初用这些刻符来记事。经专家考证, 这些符号已接近汉字的固定形状, 是汉字的原始形态, 被称为"字形刻画符号", 简称"半坡刻符"或"半坡陶文"(见图 2-14)。

图 2-14　半坡刻符

再例如，山东日照莒县陵阳河和诸城前寨大汶口新石器时代遗址发现的灰陶缸上的图形文字，已基本上具备了象形、会意文字的雏形（见图 2-15）。

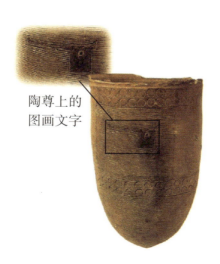

陶尊上的
图画文字

图 2-15　陵阳河遗址大口尊上的符号

到了商代，文字的发展更为进步。河南郑州南关外商代早期遗址中发现的陶片上的刻画文字和河北藁城台西村商代中期遗址中出土的陶片上的刻画文字，已经是接近于甲骨文的比较成熟的文字了。

上述的这些刻画符号虽已具备了文字的雏形，但都是一些简单的符号和单字，既无完整的体系，也很难看出规律来。真正具有一定的体系并有比较严密的规律的文字，就目前发现的材料而言，最早的是殷墟甲骨文。

（六）甲骨文的发现

甲骨文是怎么发现的呢？

自古以来，安阳即被视为河亶甲的故都。《史记·殷本纪》记载："河亶甲居相。"古书屡次提到相城在"城西北五里洹水南岸"，就是今天的小屯村。

小屯是殷墟甲骨文的发现地，也是经考古证实的商代后期王室宗庙宫殿区所在地。商朝灭亡后，宗庙宫殿区地势较高并逐渐变为废墟，史称"殷墟"。明万历四年（1576），该村始立村，正式以"小屯"为名。清朝末年，小屯"户数约三十，皆农业。地为河水冲积土，植棉麦黍类"[1]。至迟19世纪末，小屯村民在耕作时，常于农田中掘出有字甲骨，不识何物，辗转售卖。1899年，居官京师的王懿荣偶然发现甲骨上的刻辞，并识出这些刻辞为商代文字，开始重金购藏。1908年，金石学家罗振玉在大量收购甲骨的同时，派人查访。1913

---

① 王宇信：《中国甲骨学》，上海：上海人民出版社，2009年，第36-45页。

年罗振玉考证出"洹水故墟，旧称亶甲，今证之卜辞，则是徙于武乙去于帝乙"（《殷墟书契》自序），最先确认了殷墟甲骨文的出土地在小屯①。"一片甲骨惊世界，蕞尔一邑震寰宇"，从此小屯蜚声海内外。

小屯是晚商王都的中心②。从1928年开始，考古学家长期在小屯附近进行考古发掘，发现了宗庙宫殿遗址、深壕、大量甲骨文、王室成员墓葬等重要文化遗存，为历史研究提供了珍贵的实物资料，在中国考古学上具有重要地位。

关于甲骨文的发现过程，还有一段曲折的故事。

1899年，北京城的官员王懿荣（见图2-16）因病需要前往药店抓药。在中医的传统中，医生会通过望闻问切来诊断病情并开出药方，病人则拿着药方前往药店配药。药店店员按照医生的方子准确称取药材，然后包起来供病人带回家煎熬。

王懿荣注意到药方中有一味名为"龙骨"的药材。在中药中，龙骨实际上是古生物化石；同时，药材中还有龟板，即乌龟的腹甲（见图2-17）。王懿荣对"龙骨"产生了浓厚的兴趣，他好奇地想，这难道是龙的骨头吗？

图2-16　王懿荣像

① 中国社会科学院考古研究所：《殷墟的发现与研究》，北京：科学出版社，1994年，第3页。

② 杨锡璋、高炜：《中国考古学·夏商卷》，北京：中国社会科学出版社，2003年，第295页。

图 2-17　中药材龟板

他决定仔细查看这味药材。不看不知道，一看吓一跳，王懿荣发现骨头上竟然刻有文字！这意外的发现激发了他深入研究的冲动。

如果换作他人，或许就视若无睹了，但王懿荣不同，身居国子监祭酒官职，他具有扎实的古文字功底，熟练掌握《说文解字》。而且，他还是一位大收藏家，手中珍藏并看过很多商周时期的青铜器。他的眼界开阔，不仅熟读大量青铜器铭文，还深入研究商周青铜器。甲骨文作为商代的占卜文字，与商代青铜器铭文实为一体，只是前者笔画硬朗，后者笔画相对柔和。因此，王懿荣能准确判断这是商周古文字。他的思维敏捷，看到骨头上的商周古文字，立刻联想到《史记·龟策列传》。简而言之，王懿荣的学识渊博、见多识广，独具慧眼地辨识出这是商周时期的古文字。

司马迁在《史记》中曾著有《龟策列传》一文，然而该文已失传，现有版本为他人后续补写。《龟策列传》主要记载了夏、商、周三代时期，人们利用龟甲、兽骨以及蓍草进行占卜算卦的史实。其中，"龟"指的是龟甲，"策"则是指蓍草。过去我们只能从古书中读到夏、商、周时期人们用龟甲兽骨占卜的记载，却从未见过实物。如今，眼前的甲骨文无疑是商周时期人们占卜的珍贵遗物。

王懿荣在偶然中发现了甲骨文，但这偶然中却蕴含着必然。若他没有深厚的知识积累和学术修养，即便甲骨文摆在眼前，也只会视而不见。正是凭借着他的学术背景和机缘巧合，王懿荣才能慧眼识珠。历史上不知道有多少甲骨被当成药材吃进了人的肚子里！

随后，消息逐渐传开，北京城乃至各地的达官贵人都纷纷出高价收购甲骨文。在利益的驱动下，人们开始顺藤摸瓜，最终找到了甲骨文的发现地——河南彰德府小屯村。于是，各地的文物贩子都闻风而动，蜂拥而至高价收购，导致甲骨文的价格飙升。

（七）甲骨文的内容

图 2-18 是殷墟出土的一片甲骨的照片。它之所以被称为"甲骨文"，是因为文字的载体是龟甲兽骨。商朝的人们为什么在龟甲兽骨上契刻文字呢？如果商朝的官员书写公文，他们会拿着刀子在骨头上刻字吗？如果商朝的普通人给朋友写信，也会用刀子在骨头上刻字吗？商朝的老师会使用甲骨文作为教材，为学生上课吗？

图 2-18　一片甲骨文（牛肩胛骨）

图 2-19　殷墟甲骨上的毛笔书写痕迹

　　实际上，商朝人已经使用毛笔了。人们从甲骨上发现了毛笔书写的痕迹。图 2-19 照片中的甲骨文，就是古人用毛笔蘸着朱砂书写而成，这足以证明当时已经使用毛笔。

同时，人们也发现当时有毛笔蘸墨汁书写在石头和陶器上的痕迹，甲骨上也有先契刻文字然后涂朱涂墨的迹象。

除此之外，当时已经使用了竹简作为书写载体。甲骨文中的"册"字形象地展示了用绳子穿起来的竹简，而"典"字则是表示双手捧着的"册"，也就是当时的竹简书籍。

综上所述，殷商时期不仅使用毛笔、墨汁，还有了竹简。这些文具为当时的文字记录和文化传播奠定了基础。

甲骨文"册"　　　　　甲骨文"典"

商朝的人为什么要把文字刻于甲骨上？甲骨文这种古老的文字形式，正是记录了特定的信息——占卜的过程与结果。在遥远的商代，延续至西周，中原地区有一种流行的习俗：人们通过灼烧动物的骨头，观察裂纹来预测吉凶，这是一种占卜的方式。灼烧甲骨，这一民俗现象，经过了漫长岁月的洗礼，据社科院学部委员宋镇豪考证，至今仍在中国西南地区的少数民族中有所保留。商朝的人们在灼烧甲骨后，会将占卜的过程和结果刻写在骨头裂纹的旁边，这种记录占卜的文字就是我们所说的甲骨文，也称"卜辞""甲骨卜辞""龟甲兽骨文字""殷契"等。在这些称呼中，"甲骨文"较为通俗易懂，因此被大众所广泛接受并使用。

　　铸造在青铜器上的文字，我们现在一般称为"金文"或"青铜器铭文"（见图 2-20）。书写在丝帛上的文字被称为"帛书"（见图 2-21），写在竹简上称为"竹书"。殷商时期，官员公文、民间信件以及学校教材等，常用的载体应该是竹简和丝帛。由于竹简和丝帛难以长期保存，我们现在看到的殷商文字主要是青铜器铭文和甲骨文。

　　商朝王室似乎有"每事必卜"的习惯，所以甲骨文保存了大量的历史文化信息。甲骨文好比是商代的"百科全书"，是研究商代文明的重要资料。

图 2-20　商代司（后）母戊鼎与铭文

图 2-21　长沙马王堆出土的西汉帛书

（八）甲骨文与现代汉文字

甲骨文				
金　文				
小　篆				
隶　书				
楷　书				
草　书				
行　书				

图 2-22　汉文字演变示例图

汉文字在演变过程中，虽然字体几经变化，但其基本构成却始终保持不变。例如图 2-22 的日、月、车、马等字，都是通过象形的方式来表达其含义，形象生动，栩栩如生。当我们看到"马"这个文字时，如何知道是"马"？其实，只需观察其画出的鬃毛，便知结果。如果这个动物有长鼻子，则代表象；如果有大嘴巴和花纹则代表虎；如果有大肚子则代表豕（猪）。我们通过观察，可以发现，汉文字演变只是形体的变化，其基本的构字法并没有改变。因此，可以得出结论：甲骨文和现代汉文字实际上是同一种文字的不同字体，两者之间一脉相承。为什么说中国文明延续几千年？甲骨文等历史文物和遗迹为我们提供了有力的证据。

从甲骨文演变至现代汉文字，一些最基础的文字形体和笔顺原封不动地保留了下来。这些文字，宛如历史的活化石，见证了中华文化的生生不息。自古以来，启蒙老师们便手把手教授学生书写文字，这样的传统一代一代薪火相传，体现了我们文化的连续性。以"左"和"右"二字为例，虽然首笔均为一横一撇，但是它们的书写顺序各异，这种微妙的差异，需要到甲骨文中去探寻源头。

我们在书写"左"和"右"时，是否注意到它们的笔顺有所不同？写"左"时，我们习惯先写一横，再写一撇。但写"右"时，顺序却是先一撇再一横。为何这两个字的头两笔都是一横一撇，但笔顺却如此不同？大家是否曾对此产生过好奇？

现代汉字"左""右"笔顺的不同，源于甲骨文中"左""右"二字差异。

"左""右"二字，在甲骨文中分别写作 屮屮，是左右手指和胳膊的象形。写甲骨文的时候，都是先写手指部分，再写胳膊部分。现代汉字的左字先写一短横，是左手指的变形，再写一长撇，是左胳膊的变形；而右字，先写一短撇，这是右手指的变形，再写一长横，是右胳膊的变形。下面以甲骨文、小篆和行书字体说明左右二字的书写差异。左右二字中的"工""口"是文字演变过程中增加的"饰笔"，不必细究。"左""右"演变过程图示见图2-23、图2-24。

图 2-23 写"左"的笔顺是先横后撇

图 2-24 写"右"的笔顺是先撇后横

　　书写"左""右"二字，前两笔的顺序不一样，其原因要溯源到甲骨文。限于篇幅，这里仅举此一例。这个例子证明了甲骨文和现代汉字是一种文字，一脉相承。明白了这一点，大家就可以把学习甲骨文的畏难情绪克服掉。

　　从使用情况来看，甲骨文已经是一种相对完整且有严密规律性的文字体系。据学者研究，甲骨文中有近五千个不重复的单字，但这并不是当时使用的全部文字，因为甲骨文主要是记录占卜内容的。虽然卜辞内容涉及广泛，但仍无法涵盖当时社会的全部生活。

汉文字的结构具有一定的规律性。我国古代的文字学家曾经将汉文字的结构规律总结为"六书"的理论。所谓"六书"，按照东汉许慎《说文解字·叙》所述，是象形、指事、会意、形声、转注和假借六种文字构成和使用的类别。汉文字的构成使用方式都可归纳到这六大类别之中。甲骨文的单字从构成和使用情况看，已经具备了这六大构成类别。其中象形、形声和假借已经是甲骨文字构成的主体。从现有的甲骨文单字看，早期文字的象形成分较多；晚期的，尤其是到了商代末年的帝乙、帝辛时代，象形字的比例渐少，形声字增多，许多文字的形体结构已基本定型。甲骨文与后来的西周金文、小篆，直至今天所使用的楷书形体，基本上是一脉相通、依次发展下来的。

甲骨文已是一种具有比较完整的体系和有相当严密规律的文字，并且基本上具备了后来汉文字的种种特点，称它为现代汉字的源头是当之无愧的。

（九）"说文"与"解字"

有一个有趣的知识点："文"和"字"是两个不同的概念。古人先创造了"文"，然后衍生出了"字"。

《说文解字·叙》："仓颉之初作书，盖依类象形，故谓之文。其后形声相益，即谓之字。文者，物象之本；字者，言孳乳而浸多也。"

下面举例说明"文"和"字"的关系。

这是一个甲骨文"大"。《说文解字》:"大,天大、地大、人亦大,故大象人形。"

"大"是人体类的"文"。它以人体为原型,依葫芦画瓢描绘出了人体的正面形象。这就是"依类象形"方法。因此,我们可以说"大"是一个典型的"文"。

古汉语"字"的本义是生儿育女,后来引申义为"文字"。"字"是由"文"生出来的。

"文"怎么生"字"呢?

这两个字都是"天"。字形是在"大"上加了一个指事符号,本义是人的头顶。

《说文解字》:"天,颠也。至高无上,从一、大"。王国维《观堂集林》:"古文天字本象人形。……本谓人颠顶,故象人形。……所以独坟其首者,正特着其所象之处也。"

这个字是"立"。"大"下画一横线,就生出了"立"。

《说文解字》："立，住也。从大，立一之上。"徐铉校录："大，人也；一，地也。会意。"

这个字是"竝"，是"并"的一个异体字，字形是两人肩并肩，立于地上。"竝"也是由"大"衍生出来的。

《说文解字》："竝，并也。从二立。"

这个字是"美"。下边是"大"，表示正面站立的人，上边则是头上插着一些装饰物。

《说文解字》："美，甘也。从羊，从大。"李孝定《甲骨文字集释》："疑象人饰羊首之形。"

这是"夹"字，也是由"大"生出来的。它的字形是二人夹一人，本义是"挟持"，是"挟"的初文。

《说文解字》："夹，持也。从大，挟二人。"

这个字是"逆"，表示颠倒，也是由"大"生出来的。字形上面是个"大"，颠倒180度，人头朝下了。"逆"字甲骨文下边的符号是"止"，是脚的象形。"逆"在古汉语中还有迎接的意思。

《说文解字》："逆，迎也。从辵，屰声。关东曰逆，关西曰迎。"罗振玉《增订殷虚书契考释》："（甲骨文）象（倒）人自外入，而辵以迎之，或省彳，或省止。"

这个字是"舞"。是一个正面人形，手里拿着道具在跳舞。也是由"大"生出来。

《说文解字》："舞，乐也。"

这个字是"夫"，字形是正面站立的人形，头上插了一个簪子。"夫"的本义是成年男子。"夫"也是由"大"衍生而来。

《说文解字》："夫，丈夫也。从大，一以象簪也。周制以八寸为尺，十尺为丈，人长八尺，故曰丈夫。"

简单来讲，古人根据象形的原则最早创造的独体符号，是"文"。

甲骨文中最基本的"文"据有学者统计有一百多个。其他的数千个"字"都是由"文"孳乳衍生的。独体的"文"，也有学者称为"部首""字根"，举例如下：

（人），像侧面直立人形。

（女），像端坐的女子身形。

（子），像幼儿身形。

（又），右字初文，像右手之形。

（ナ），左字初文，像左手之形。

（止），趾字初文，像脚掌形。

（首），像人正面元首形。

（目），像眼睛形。

（耳），像耳朵形。

（自），像鼻子形。

（口），像嘴巴形。

（齿），像口齿形。

（心），像心脏形。

（日），像太阳形，中部习加点或短横为饰。

（月），像月亮形，系在弦月形的隙间别加点状区别符号，以别于夕。

（火），像火焰形。

（云），像云团形，后于上部习加短横饰笔。

（申），电之本字，像闪电形。

（雨），像天幕落雨形。

（水），像蜿蜒流水形。

（山），像三峰山峦形。

（龙），像龙形。

（凤、风），像凤鸟形，假借为风。

（鸟），像鸟的侧视形。

（它），蛇之本字，像蛇形。

（虫），虺之本字，像单钩的蛇形。

（牛），像牛首形的抽象化符号。

（馬），像馬（马）的纵向侧视形。

（羊），像羊首形的抽象化符号。

（犬），像狗的纵向侧视形。

（豕），像猪的纵向侧视形。

（虎），像虎的纵向侧视形。

（鹿），像鹿之形。

（象），像长鼻象的纵向侧视形。

（兔），像兔形。

（龜），像龜（龟）形。

（鱼），像鱼形。

（角），像动物角形。

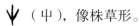

Ψ（屮），像株草形。

Ψ（木），像树木枝干形。

Ψ（竹），像竹子枝叶形。

Ψ（米），像稻米脱粒筛聚形。

Ψ（禾），像禾稼形。

Ψ（桑），像桑树形。

Ψ（枼），像树枝着葉（叶）形，乃葉（叶）字初文。

Ψ（其），像簸箕形，箕字初文。

Ψ（网），像罗网形。

Ψ（帚），像笤帚形。

Ψ（干），像狩猎工具形。

Ψ（辰），像除草农器形。

Ψ（力），耒之省形分化字，表气力、效力之义。

Ψ（弓），像张弦之弓形。

Ψ（矢），像箭矢形。

Ψ（刀），像刀形的抽象化符号。

Ψ（戈），像带柲的戈式兵器形。

Ψ（王），初文如刃部向下的斧钺形，为王权之象征。

Ψ（衣），像上衣形。

Ψ（巾），像佩带形，与服饰有关。

（糸），像丝束之形而上下作结扎状。

（爿），牀（床）字初文，像侧立的床形。

（舟），像扁舟形。

（车），像车的外廓形，或截取车的轮部而成字。

（册），像编简形，表示古之册书。

（玉），像串玉形。

（贝），像贝壳形。

（鼎），像鼎形，为祭享之重器。

（壶），像壶形。

（斗），像带柄的斗形。

（皿），像器皿形。

（酉），盛酒器，像早期无圈足的大口尊形，也是酒字初文。

（肉），像肉块切割的断面形。

（骨），像修治后的占卜骨版形，亦骨字初文。

（土），像高起的土堆形，像封坛立社，亦社字初文。

（田），像田地划界之形。

（門），像门（门）形。

（户），像门的中分形，单门为户。

（宀），像宫室外廓形。

（井），像对称交构的井栏形。

（行），像十字道路形。

（十）汉文字之美

中国传统文化有一种观念，认为"书画同源"。每个汉文字都可以视为一种抽象画，富含深厚的艺术内涵。就如"春"这个字，甲骨文形态下它描绘了树木、朝阳和小草，犹如一幅生机盎然的春天图景。这样的画面美感十足，仿佛就是一幅春天的图画。而演变至篆书形态时，"春"的形态虽然有所变化，但内在的艺术精髓得以传承——草字头代表了木的演变，"屯"则形象地描绘了小草初露嫩芽的形态。无论是甲骨文的"春"还是篆书的"春"，它们都同样充满了春天的生动气息，充分体现了"书画同源"的深刻道理。

甲骨文—春　　　　小篆—春　　　　秦代隶书—春　　　　东汉隶书—春

（十一）汉文字的优点

汉语存在多种方言，有学者概括为八大方言。实际上，每种大方言又可细分为更多方言。

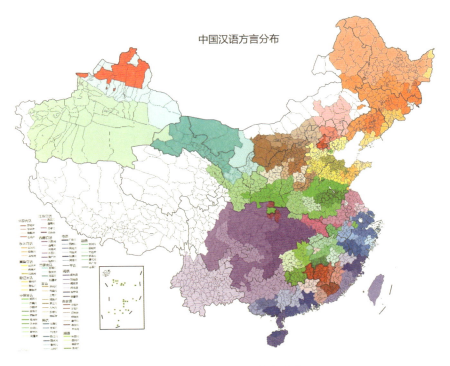

图 2-25　中国汉语方言分布

汉语方言差异之大，甚至是难以交流的。如果一个广东人说粤语，其他方言区的人是难以听懂的。设想一下，如果中国古代使用了拼音文字，那么使用不同方言的人们的交流将变得异常困难，他们不仅互相听不懂，还看不懂对方的文字。

使用拼音文字的国家与地区，人们的文字用字母拼写，是记录语音的。如果人们互相听不懂对方的语言，那么用字母写下来的文字，他们也互相看不懂。拼音文字，好比是"录音机"。而中国的象形文字，好比是"录像机"，信息更丰富。

例如五百年前的英语，今天的英国人很难读懂，而三千年前的甲骨文今天仍旧在使用，这就是汉字的优势。

中国秦朝的"书同文"是一个伟大的事件。世界的东方，一个幅员辽阔的国家，各地人们说着不同的方言，互相难以听懂，却可以通过文字交流信息，维持国家的统一治理。这是汉字的伟大作用，伟大胜利。

欧洲长期分裂成几十个民族国家，每个国家都有自己的语言。欧洲的这些语言属于印欧语系，有很多相似的单词发音和语法，它们之间的关系可类比为方言。正因为如此，一位欧洲人能说几种语言并不足为奇。

欧洲尝试通过建立欧洲共同体和欧盟来谋求统一，但难度很大。欧洲的语言和文化差异巨大，这成为阻碍统一的重要因素。一个民族的基础是共同的语言、居住地域、经济和社会生活。在欧洲，由于采用拼音文字而造成的语言分化与差异，难以形成统一的民族基础，因此欧洲统一之路充满挑战。

我们试想一下，如果中国人没有选择象形表意文字，而是采用了拼音文字，那么中国大地上可能会出现若干种不同的语言。

汉文字在维系中华民族的统一中起到了不可或缺的作用，重要性是无法估量的。汉文字记录了中华民族几千年的文献，它强大的生命力维护了祖国的统一，也实现了我们文化的传承。尽管方言各异，但华人的文化认同始终存在。中国历史的长河中，统一是主流，分裂是逆流，统一是长期的，而分裂只是暂时的。如果没有汉文字，汉语的方言有可能分裂为不同的语言，中华民族也有面临分裂的潜在风险。汉文字就像一个黏合剂，将中华民族紧密地连接在一起，笔者以为汉文字的价值无论怎么评价都不为过。

汉文字具有强大的生命力和延续性。汉文字的跨语言、跨民族、跨文化的特性，使得它具有极强的广泛适用性。

汉文字是一个跨语言的平台，假如美国人、英国人、法国人、俄国人等愿意，他们也可以使用汉文字。汉文字作为文明的载体，记录留存了浩如烟海的东亚多民族的文化和历史。日本、韩国、朝鲜、越南、琉球等国家和地区的人民，在历史上长期使用汉文字，如果日本人、韩国人、朝鲜人、越南人、琉球人不懂汉文字，他们就看不懂本民族的古籍和历史文献。由此可见汉文字的作用有多大，价值有多高，意义多么深远。因此，我们更应该努力学习汉文字，更应该深入地了解现代汉文字的源头——甲骨文。

甲骨文是现代汉文字的源头，殷商文明是中华民族早期文明。历史是现实的源泉，现实是历史的延续，不理解历史就难以把握现实和面向未来。习近平总书记指出："我们从哪里来？我们走向何方？中国到了今天，我无时无刻不提醒自己，要有这样一种历史感。"

（十二）汉文字文化圈

图 2-26　汉文字文化圈国家地区示意图

汉文字作为世界上象形表意文字的代表，孕育出了汉文字文化圈。汉文字文化圈的地理边界，达到朝鲜半岛、日本列岛、外兴安岭、西伯利亚、蒙古高原、帕米尔高原、青藏高原、云贵高原、中南半岛，东南到琉球、台湾、太平洋诸岛屿，甚至更远（见图2-26）。

汉文字文化圈曾经涵盖中国、朝鲜、韩国、日本、琉球群岛、越南、蒙古等国家和地区。

一、日本最早的书面文学集《怀风藻》汉诗选二首：

日边瞻日本，云里望云端。

远游劳远国，长恨苦长安。

——［古日本］释辨正：《在唐忆本乡》

高岭嵯峨多奇势，长河渺漫作回流。

钟池超潭异凡类，美稻逢仙同洛州。

——[古日本] 丹墀广成：《吉野之作》

二、朝鲜现存最早的汉文诗：

翩翩黄鸟，雌雄相依。

念我之独，谁其与归？

——[古高句丽] 琉璃王：《黄鸟歌》

三、新罗真德女王赠送唐高宗的诗：

大唐开洪业，巍巍皇猷昌。

止戈戎衣定，修文继百王。

统天崇雨施，理物体含章。

深仁偕日月，抚运迈陶唐。

幡旗既赫赫，钲鼓何锽锽。

外夷违命者，翦覆被天殃。

淳风凝幽显，遐迩竞呈祥。

四时和玉烛，七曜巡万方。

维岳降宰辅，维帝任忠良。

五三成一德，昭我唐家光。

——[古新罗] 女王真德：《太平颂》

四、越南汉字诗：

文献千年国，车书万里图。

鸿庞开辟后，南服一唐虞。

——越南顺化皇城太和殿诗之一

太平新制度，轩豁旧规模。

文物声名会，春风满帝都。

——越南顺化皇城太和殿诗之二

日本最早的书面文学集《怀风藻》，证明了日本很早就使用了汉文字。日本遣唐使来中国学习，中日文化交流把汉文字带到了日本。日本人又用汉文字的偏旁部首创造了假名。古代的日本人有不少可以用汉文字写诗作文，直到今天，日本还在使用汉文字。

在朝鲜半岛，古高句丽王朝的琉璃王用汉文字写了《黄鸟歌》。新罗王朝的真德女王也用汉文字写了赠送唐高宗的诗。越南的汉文字诗至今还挂在顺化皇城的太和殿上。

现在，如果朝鲜、韩国、日本、越南的青少年不学习汉文字，就难以看懂本国的历史文献。汉文字长期被东亚人民使用，保留了大量历史文献。

近代的中国，由于国弱民贫，落后挨打，导致一些人失去了文化自信，也让汉文字文化圈的某些人对中华文化产生了疑问。许多地方废除汉文字，改用拼音文字。随着中华民族的伟大复兴，我们应该坚定文化自信，正确认识汉文字的价值。

　　汉文字是象形表意文字。汉文字的这种特征，使得其可以成为一个跨语言平台。不仅日本人、韩国人、朝鲜人、越南人、琉球人等可以"书同文"，如果欧美人等愿意的话，他们也可以使用汉文字。

　　汉文字是中华民族的伟大发明，它将造福全人类，我们对此要有文化自信。

三、周　易

（一）周易概说

《周易》古称《易》，传说在长达数千年的成书与传承过程中，内容时有损益、不尽相同。现存的《周易》，据历史文献记载是由周文王姬昌推演而成，孔子及弟子门人为其作《传》。到了汉代，罢黜百家，独尊儒术，《周易》作为儒家经典，地位崇高。《周易》是我国最古老的经典之一，也是儒、道两家的共同经典。2016 年，由中宣部支持指导、文化部委托国家图书馆组织实施的"中华传统文化百部经典"编纂工作把《周易》列入首批书目。国家纲要教材中小学教科书《中华传统文化》（24 册）专门收有《周易》分册，安排在高中二年级学习。

自汉朝至于明清，中国历代选拔官吏，精通《周易》是重要条件之一。汉代自汉武帝时期"罢黜百家，独尊儒术"，士子只要精通五经中的一经，就有了做官的资格。科举制度发明以后，《周易》是隋唐至于明清开科取士的必考科目。可以不夸张地说，在中国的帝制时代，各个王朝的统治阶层成员，都是必须精通《周易》的。

《周易》除了在中国古代政治史中具有至高无上的地位，自古以来无论研究天文、地理、音乐、兵法、医药、养生，还是声韵、数学、武术、建筑等，中国学者都喜欢把《周易》的学说作为理论基础，至于江湖术士更是以《周易》为招牌来装点门面。

所以古人说"《易》道广大，无所不包"。《周易》及易学，似乎囊括了天、地、人的一切知识，是社会科学、自然科学、神秘文化的总汇。

《周易》的内容是什么呢？马王堆帛书《周易·要》篇记载孔子说《易》"有古之遗言焉"。李学勤教授认为，这里所说的"古之遗言"并不是泛指古代的话，因为《周易》对于孔子来说本来是古代的作品，用不着特别强调，"遗言"的"言"应训为教或道，系指前世圣人的遗教。

中国文化的许多问题是以易学研究的形式展开的，比如太极、乾坤、阴阳、道器、形而上、形而下、象数、神化、文明、革命、和谐、与时俱进、自强不息等概念，都来自《周易》。《周易》的思维模式、人生哲学、象数理论等等，深深影响甚至支配了中国乃至中华文化圈各国人民的思维习惯、人生态度、精神世界。

易穷则变，变则通，通则久。《周易》所言乃是生生不息的长久之道。

《周易》是中华文明最古老的经典之一，为中华文明的传承发展起到了不可估量的作用。习近平总书记在庆祝改革开放40周年大会上的讲话指出：正是这种"天行健，君子以自强不息""地势坤，君子以厚德载物"的变革和开放精神，使中华文明成为人类历史上唯一一个绵延5000多年至今未曾中断的灿烂文明。

（二）甲骨文与周易

1.甲骨文与数字卦

甲骨文是发现于安阳殷墟的契刻在龟甲兽骨上的文字。甲骨文绝大多数是占卜记录，也叫甲骨卜辞。殷商时期的卜辞为什么契刻在龟甲兽骨上呢？这与当时用龟甲和兽骨占卜的文化风俗有关，而这种风俗早已失传但仍有文化遗存①。

我国至少从新石器时代开始，占卜活动就已经流行。商代是占卜活动极为盛行的时代，殷商王室几乎事无大小，都要通过占卜来决定吉凶。近百年来，在殷商古都安阳，出土了十几万片的甲骨文，从这些资料可以看出，当时的占卜活动已经十分普遍和规范。这些甲骨卜辞为我们研究当时历史文化提供了宝贵资料。

殷人贵族迷信鬼神、崇尚占卜，几乎每事必占，还设立了专门负责占卜的机构，有一套完备且严密的占卜方法，还有档案存库。大量的甲骨卜辞证明，神权统治与易学文化在殷商时期占据很重要的地位。殷商时期烧灼龟甲兽骨进行占卜，观看骨头上烧裂的"卜兆"，并将其所谓神谕的结果以甲骨文的形式契刻于甲骨上，以供检视与校对。而对于占卜的结果，有学者认为古代的龟卜者可以在烧灼前通过人为的加工，对吉凶征兆的结果进行设定，有些人认为龟甲本身因生长时密度不同，在进行炙烤时产生的裂纹会有差异，是随机的。卜官用龟甲占卜，会将占卜的结果与后续所发生的事情记录在龟甲之上，以检验其占卜的精准度和可信度。甲骨占卜是要通过一套完整的流程

---

① 依据编者指导的和苗苗学士学位论文《归藏易源流考》。

与完善的解读方式，而不是单纯猜测，我们可以通过对文献的研究，整合出古代完整龟卜的流程。

殷墟发现的甲骨上，除了背面的钻凿与灼烧的痕迹、正面的裂纹卜兆和甲骨卜辞，有的甲骨还刻记有易卦，现已为学界认同。卜法、卜辞以及它们与《易》之间的关系一直是甲骨学的一个分支课题。董作宾1929年在《安阳发掘报告》发表了《商代龟卜之推测》，对殷人用龟的大小、龟甲部位、钻凿数目等进行了研究。1956年屈万里发表了《易卦源于龟卜考》，从卜辞的顺序、对贞以及《易》"六、九"的来源等方面论述了甲骨文中的《易》卦；同年，李学勤在《谈安阳小屯以外出土的有字甲骨》中提出某些甲骨上的纪数辞与《易》卦中的"六、九"有关。1961年饶宗颐发表了《由卜兆记数推究殷人对于数的观念》，对卜甲上的数字性质、排列顺序和体现的意义做了研究，提出了筮数出于龟数的新观点。1978年，张政烺确认了周原甲骨上的纪数符号是《易》卦符号。随后，大量商周甲骨、青铜器、陶器等器物上的数字易卦被解读出来，成为近年来一个学术热点。

甲骨文和数字卦的发现，说明《周易》的成书经历了漫长的历史演化过程，六十四卦也不是由周文王首先创造的；《易》最初确实是一部占筮的工具书并具有了哲学的萌芽，直到春秋战国以后，《周易》才逐渐转变为一部充满哲理的经典著作。

2. 甲骨文与《归藏》

在先秦时期，《易》是一种统称。当时《易》的内容比我们今天看到的《周易》要广泛。根据《周礼》的记载，周王室有专门的官员来掌管"三易"的事情。哪"三易"呢？就是《连山》《归藏》和《周易》。汉代学者杜子春说："《连山》，宓戏；《归藏》，黄帝。"而另一位学者郑玄说："夏曰《连山》,殷曰《归藏》,周曰《周易》。"

近代以来学界有很多新的考古发现。历史学家王国维说："古来新学问起,大都由于新发现。"近代古文献的四大发现是甲骨文、敦煌藏经洞遗书、居延汉简、明清档案。甲骨文是19世纪末在河南省安阳市小屯村附近发现的商代占卜文字。到目前为止,一共出土了大约十几万片甲骨。这些甲骨都是卜甲或者卜骨。什么是卜甲和卜骨呢?殷商时期有一种占卜的风俗,在整治过的龟甲和兽骨上钻凿,加以灼烧,然后观察卜骨或者卜甲上出现的裂纹——这种裂纹叫作"卜兆"——通过观察卜兆来判断事物的吉凶。当时有专门的卜官,即甲骨文中的"贞人"。"贞人"把占卜的过程刻在甲骨上,包括时间、人物、事件、过程和结果。这些刻在卜骨和卜甲上的占卜文字,就是甲骨文。甲骨文在地下埋藏了3000多年,重新面世。甲骨文的发现把中国的信史推到了3000年前,意义非常重大,所以人们说"一片甲骨惊世界"。

甲骨文的发现自然引出了一个问题。我们知道商代在周朝之前,商代甲骨文的年代大多在周文王之前,也在《周易》成书之前,那么殷商时期指导占卜的经典是什么?人们把考古发现与历史文献集合起来,马上就想到《归藏易》。这也是王国维的二重证据法所导致的必然结论,地下出土的文物甲骨文与传世文献中记载的《归藏易》能够结合起来。

安阳是甲骨文的发现地,也是《周易》文化的发源地。当代的人们往往把两者撕裂开来,认为甲骨文就是甲骨文,《周易》就是《周易》,两者井水不犯河水,风马牛不相及,实际上这是一种不全面不准确的认识。因为周文王被囚禁在羑里的那个时代是殷商末年,和甲骨文的年代是重合的。《周易》最早可能是一部卜筮之书，甲骨文大部分是占卜记录，二者不但有必然联系，而且有非常直接的关系。

（三）作为非遗的周易文化

安阳是我国八大古都之一、国家历史文化名城，是甲骨文的发现地、周易文化的发源地。地方政府高度重视周易文化，2007年2月，安阳周易文化被列入河南省第一批非物质文化遗产名录，保护并传承周易文化的工作从此走上了有法可依的康庄大道。

根据文献记载，从元代以来安阳人民世代进行着周易文化集会，史不绝书。历代安阳周易文化集会的特点是：官方祭祀活动、学者学术活动与民间民俗经贸活动同时开展，融为一体，不仅规模大、规格高，还是地方经贸与民俗的大集市，因此具有深厚的群众基础和地方特色，是中国传统文化活化石。

改革开放以来，安阳周易大会的历史传统得到传承与发展，至2023年，安阳市已经举办了34届"周易与现代化国际学术讨论会"。近些年安阳周易大会又增加了新内容，例如从2010年开始连续举办了"海峡两岸周易论坛"，该论坛被国务院台办确立为对台交流工作重点项目，在海内外产生了较大影响。

（四）周易故事

1. 文明肇始

《周易》的核心内容是阴阳、八卦等符号。传说阴阳与八卦符号是伏羲创制的，还有一种观点认为，这些符号就是中国最早的文字。

汉文字总共有多少个呢？

据学者统计，东汉时期成书的《说文解字》收录汉文字 9353 个；清代《康熙字典》收录 47035 个；我国从 20 世纪 80 年代开始编纂《汉语大字典》，首版收录汉文字 54678 个，第二版收录 60370 个，之后的《中华字海》扩充到 85568 个。上述字典都收录了较多生僻文字，而我国 2013 年制定的《通用规范汉字表》则收录了现代社会一般应用领域的汉文字 8105 个，其中常用字有 3500 个。

这么多汉文字，到底哪一个是最早出现的呢？又是谁创造的呢？

按照传统说法：中国人创造的第一个汉文字，或者说符号，是"一"；创造它的人是传说中的伏羲，即"三皇五帝"中的"羲皇"；古人把这个具有重大意义的事件称为"一画开天"（见图 3-1）。

图 3-1 伏羲创制八卦

　　中国汉文字从草创到成熟经历了漫长的历史过程。我国可信的历史大约从 5000 年前开始，司马迁《史记》的第一篇《五帝本纪》从黄帝开始记载。黄帝之前还处于传说时代，神话与史实往往混淆难辨。司马迁是西汉的太史令，他的家族世代为史官，不仅拥有当时最丰富而权威的史料，而且治学态度严谨，所以作为专业史官的司马迁没有为黄帝之前的历代君主作纪传。然而，随着现代考古学的发展，我们发现了越来越多的史前文化遗迹，例如濮阳"中华第一龙"遗址（见图 3-2），它的年代和文化都与伏羲有着较密切的联系，因此古代传说并非没有史实基础。

图 3-2　河南濮阳西水坡"中华第一龙"遗址

　　从中华文明的传说时代到信史时代、从远古符号到成熟文字之间，没有泾渭分明的分界线，所以要追溯汉文字的起源，我们还需深入到传说时代去探究真相。

那是一个蛮荒和蒙昧的时代，伏羲是当时中原地区的部落联盟领袖。传说伏羲最早创造了阴阳与八卦符号，这是历史跨入文明时代的标志之一。

《史记·太史公自序》记载："余闻之先人曰：'伏羲至纯厚，作《易》八卦。'"《周易·系辞下》记载："古者包牺氏（即伏羲氏）之王天下也，仰则观象于天，俯则观法于地，观鸟兽之文，与地之宜，近取诸身，远取诸物，于是始作八卦，以通神明之德，以类万物之情。"

当伏羲经过长期的观察与思考，在大地上画出"一"的时候，他不会意识到这是一件开天辟地、文明肇始的大事。从这一刻开始，中华先民学会了用抽象的符号，对纷繁复杂的主客观世界进行总结与概括，人类在改造世界的实践中又增加了一个有力工具。

传说伏羲画出了"一"，然后又创造了"--"，二者组合衍生了更多的符号。这些符号衍生的过程，恰恰反映了客观世界与人类社会发展的过程。世上万事万物都处于从无到有、从小到大、从简单到复杂的发展过程中，而伏羲创造八卦乃至其后发展出六十四卦符号的过程就是人类对世界发展规律的总结，是人的主观世界对客观世界的反映。

"一"既是阳爻符号，又是文字。它虽简单，但内涵却极为丰富。

古人为什么重视"一"呢？从符号的角度看，它是《易》中最基本的阳爻。从文字的角度看，"一"也代表了万事万物的开始。《说文解字》对"一"的解释是："惟初太始，道立于一，造分天地，化成万物。""开始"是非常重要的，不仅因为万事开头难，而且"开始"还代表了人们的初心，有了良好的初心并坚持到底，才能化成万物，事业才能兴旺发达。无论走到哪里，回望来路，都不能忘记我们的出发点，这就是"━"给我们的启示。

2."易"字哲思

"易"的本义是变化，也指简单。《周易》就是阐释变化规律的一部书，而这些变化规律的基本原理是阴阳变化，因此是简单易行的。

"易"字为什么这样写？历史上有不同说法。

先秦秦汉佚籍尝谓"易"由"日""月"组成，日月为易，即以日月轮转来表达阴阳变易的抽象意义；《说文解字》认为"易"是蜥蜴的象形，是一个象形字，因为蜥蜴能够变色，所以假借为变易的"易"。这些说法都是传统观点，直到甲骨文被发现以后，"易"字才有了新的解释。

甲骨文中的"易"写作，它的字形像水从容器中流出。郭沫若《文史论集》："（甲文、金文）可以看出易字是益字的简化"，"益乃溢之初文，象杯中盛水满出之形"。到了西周中期，金文"易"的字形演变为；之后小篆再演变为。

甲骨文"易"的一种写法

"易"的本义是水溢出容器。水这种物质以液态存在，没有固定的形体，具有流动性与适应性，形状随着容器的变化而变化，所以，"易"这个字就包含了"变易"的意义。例如战国晚期，有的金文"易"写作，字形是两个易相对反，着重强调了水从一个容器流动到另一个容器，形状发生了变化。

"易"字在先秦文献中常被假借为"锡""赐",表示"赏赐"的意思。但是《周易》中的"易"用的是其本义。

因为水具有流动的特征,我国先民很早就发明了漏刻,用它来计时。"漏"是指盛水的漏壶,"刻"是指漏壶里的标尺。漏刻计时的原理是让水慢慢从水壶小孔漏出,然后观察壶中水面均衡下降的情况来计算时间。作为计时器,漏刻的使用比日晷更普遍,历史也更为久远,在机械钟表传入之前,漏刻是我国使用最普遍的计时器。梁代的《漏刻经》记载:"漏刻之作,盖肇于轩辕之日,宣乎夏商之代。"《隋书·天文志》提到:"昔黄帝创观漏水,制器取则,以分昼夜。"这些史料说明,漏刻已有约五千年的历史了。

事物的变化,在时间维度上表现为发展,所以"易"与时间的流逝密切相关。时间对于我们每个人来说,都是公平而宝贵的。在中国古代,"君子见大水必观"。《论语·子罕》记载:"子在川上曰:'逝者如斯夫!不舍昼夜。'"孔子看到河川东流,一去不复返,于是感叹时光如水,易逝难追,以此勉励自己和学生们珍惜光阴,孜孜不倦。

北宋词人苏轼在《念奴娇·赤壁怀古》的开篇写道"大江东去,浪淘尽,千古风流人物",将浩荡江流与千古兴亡并收于笔下,让人顿生历史苍茫之感,不由得反思个人在时代大潮中如何定位、何去何从。

我国传统文化把"发展变化"这种抽象的意义与"水"这种具体的物象相结合,有其深刻的历史与地理背景。中国大陆位于欧亚大陆东部、太平洋西岸,属于季风性气候,年度降水量不均衡,多发洪涝灾害,历史上也曾经发生过特大洪水灾害。古人从大洪水治理中,总结了宝贵的历史经验。例如《史记·夏本纪》记载:"当帝尧之时,鸿（洪）水滔天，浩浩怀山襄陵，下民其忧。"特大洪水灾害发生后，尧帝任用鲧治理洪水，鲧用堵的方法，加固堤防，九年无成；之后，鲧的儿子大禹汲取教训，改用导的方法，疏浚水道，"以开九州，通九道，陂九泽，度九山"，在治水一线奋战十三年，三过家门而不入，终于治水成功（见图3-3）。从此以后，中国人逐渐确立了治水只能疏导，不可堰塞的原则。这种思想也反映在对历史的认识上，中国古人认为历史的发展也像一股大的潮流，天下大势，浩浩汤汤，顺之者昌，逆之者亡，民心与民意反映了时代大潮，对此只能因势利导，不可强行壅堵。

图 3-3　国画大禹治水

时间流逝过程，有很多节点；事物发展的过程，也可以分为多个不同阶段，这些节点或者阶段就是时机，时机是事物发展过程中质、量变化的关键所在。中国人很早就开始总结变化规律，并留下了《周易》这部经典。《周易》后来被儒家尊为"五经"之首、道家奉为"三玄"之冠。"时"在《周易》中是一个非常重要的概念。《周易》的六十四卦，各自象征一种特定场景，并揭示其随时间变化的规律，这就是"卦时"，也就是时机。例如：《周易·屯》讲的是事物初生、创业维艰之时各个阶段的道理，《周易·蒙》讲的是开蒙发昧、启发民智之时各个阶段的道理等等。

以什么态度来应对事物的发展变化？《易传》还提出了一系列重要的原则，例如"与时偕行""时止则止、时行则行""变通者，趋时者也"等，并特别强调：日新之谓盛德——要求每天都要更新思想与观念，跟上时代的发展变化，这是最盛大的道德。

据《大学》记载：商朝的开国君主成汤，特意在自己使用的盥洗铜盆上铸造铭文"苟日新，日日新，又日新"，提醒自己以警惕谨慎的态度，顺应时代的发展，每天进步，绝不守旧，生命不息，创新不止。另外，《尚书·康诰》有"作新民"的记载，《诗经·大雅·文王》有"周虽旧邦，其命维新"的诗句。这些古典文献，深刻影响了后世中国人对待发展变化的基本态度，也是中国能够屹立于世界东方五千年长盛不衰的文化根基。

我们看到"易"字，就会想到时光如水，"往者不可谏，来者犹可追"，不要辜负这个时代——这就是造字者对我们的谆谆告诫。

"易"除了"变易"，还有不易、易简的意思。

不易，即不改变。《周易·乾卦》："不易乎世。"王弼注："不为世俗所移易也。"易简，指大道平易简约。《周易·系辞上》："易则易知，简则易从……易简而天下之理得矣。"

3. 周易简史

《周易》的"周"是什么意思？东汉学者郑玄认为是周密、完备、普遍的意思；唐朝学者孔颖达认为是地名，在岐山之阳，是周人生活的地方；汉代《易纬》认为此书是周文王所撰著，为了与前代的易书《连山易》《归藏易》相区别，所以题名《周易》。

　　《周易》包括三部分，一是符号系统，再者是卦名与卦爻辞——是对符号的解释，还有十篇《易传》。《周易》的这些内容并不是产生于一时、一地、一人之手，而是在一个漫长的历史时期，由许多人参与创作，是民族智慧的结晶。据有关文献记载，《周易》这部书"人更三圣，世历三古"（见图 3-4），"人更三圣"就是伏羲、文王、孔子，"世历三古"就是上古、中古、近古，三位圣人都对《周易》的成书做出了贡献。还有一种说法是四圣，即伏羲、文王、周公、孔子，周公姓姬名旦，是周文王的儿子。总之，《周易》是在一个漫长的历史时期，数千年的过程中，由多位圣贤共同创作的。

图 3-4　"人更三圣，世历三古"示意图

　　《周易》成书之前各个时代的《易》书名称也不一样，可以总称为《易》。传说《连山易》《归藏易》都在《周易》之前出现。《周易》之前的这些古《易》现在都失传了，我们能看到的都是一些只言片语，作为整部的书早已散佚。《周易》不是周代的人完全自创的，这部书有对古《易》的继承，也有创新。传说文王写了卦辞，周公写了爻辞，孔子著述了《易传》，这就是今天我们看到的完整《周易》。

　　《周易》有阴阳符号，有八卦符号，还有六十四卦符号。阴阳和八卦符号传说是伏羲创造的，又传说周文王在安阳羑里这个地方，把八卦两两相重，推演出了六十四卦，然后写了卦辞。但是现在看起来，推演六十四卦应该是在文王之前，因为从考古发现的商代数字卦来看，六十四卦在周文王之前就已经出现。文王和周公可能指导或参与了卦序的重新排列和卦爻辞的再创作。到了春秋时期，传说孔子和弟子门人又写了《易传》。《易传》总共有十篇，我们通过这十篇《传》才可以读懂《周易》，所以这十篇《传》，又称十翼，翼就是翅膀，像十只小翅膀一样。

　　春秋之前"学在王官"。教育、学术研究是贵族的特权，平民很难有机会和条件受教育，知识垄断在当时的贵族统治者手中。《周易》是做什么用的呢？《周易》最早跟卜筮关系非常密切，是一部卜筮用的工具书。周代以前，宫廷设有卜筮官，遇到大事，先筮后卜。但是我们不能简单地给商周时期的占卜活动打上迷信的标签，因为从今天眼光来看当时的占卜活动诚然有迷信的成分，同时还有早期宗教信仰的内容，有一些科学萌芽的因素，更包括了古人对未来事物的思考与推演等。我们应该一分为二地来看待古人的占卜活动，把占卜活动放在当时的历史条件下，而不能以今天的条件来看待。当代科学发达，文明程度很高，但是文王生活的时代、孔子生活的时代，科学还不够发达，所以我们应该理解古人的卜筮活动。卜筮是一种很复杂的文化现象。

《周易》这部书到了春秋时期，流传到民间。当时天下大乱，周王室失去了对天下的控制能力，诸侯争霸，弱肉强食，很多诸侯国灭亡了。亡国的贵族流散在社会上，失去了原来的生存基础，他们受过良好的教育，官方学问随之流散到民间。官方学问流传到民间后，私学兴起，出现了百家争鸣的现象。孔子是我国最早兴办私学的教育家之一，孔子办私学，有教无类，只要交得起学费，都可以入学，然后根据学生的条件，进行因材施教。传说孔子一生弟子三千，其中贤者七十二人。孔子办私学是把原来官府的学问拿出来教给学生，这些学生，有贵族出身的，也有平民出身的，平民出身的学生通过学习也可以晋升到士的阶层，通过读书改变命运，这是社会的进步。

孔子用什么教学生？《诗》《书》《礼》《乐》《易》《春秋》。这六经包括了各个方面，有诗歌总集、政论文集、礼乐文集，还有哲学、历史学，内容全面。孔子晚年十分喜欢《周易》，手不释卷，韦编三绝，以至于遭到学生的非议。孔子认为《周易》虽然是卜筮书，但是其中有"古之遗言"，即古代圣贤的言论，这些圣贤的言论是值得学习与传承的，所以《周易》到了孔子这里已经演化为哲理书了。孔子的学生受过系统的六经等教育之后，就达到了合格的士人的标准，就可以游说诸侯、出仕做官。做官一方面可以实现自己的政治抱负，另一方面也可以极大地改善个人和家庭生活状况，这就是《论语》中所说的"学而优则仕"。春秋战国时期，各个学派的情况大多如此。

在春秋战国时代，《周易》不仅仅是儒家经典，诸子百家都从《周易》中汲取了思想营养。儒家、道家、法家、兵家、天文、阴阳等学派都深受《周易》的影响。《周易》这部书对我们中华文化方方面面都有深刻影响。

秦始皇统一中国以后，采用法家学说管理天下，儒家经典大部分在禁毁之列，唯独留下了《周易》。焚书坑儒没有烧《周易》，《周易》就得以在民间传承下来。另外，有资料显示秦朝官府也立有博士官等，专门传承、研究周易学问。

到了汉代，汉武帝采取"罢黜百家、独尊儒术"的政策，把儒家思想拔高到了国家统治思想的地位，儒家经典的地位也开始确立。这个时候《乐》已经失传，其余的儒家五经成为国家的最高典籍，政府设有专门的博士官，即五经博士。《周易》作为统治思想的地位从西汉开始确定下来。汉武帝又创造了察举与征召的选官制度，不少人因为精通《周易》而入朝为官。

隋唐开科取士，发明了延续千年的科举制度。隋唐的科举制主要有明经和进士两科，《周易》作为儒家经典，当然是考试的重要科目。所以唐朝还专门官修了《五经正义》——包括《周易正义》，颁行天下，作为考试的标准教材。隋唐以后，历代读书人要想考取功名，必须精通《周易》，这样的情况一直延续到清末。

清朝末年颁布壬寅学制和癸卯学制，正式废除科举制度。之后《周易》的学术地位一落千丈，"皮之不存，毛将焉附"？科举一废，读书人大多不再读它了。但是《周易》在民间还有传承，主要是民间一些术士在传承术数流派。

清末以来,《周易》文化出现了一百多年的明显断层。近年来,各部门向社会推荐优秀传统文化书籍,都会有《周易》在列。

（五）周易基本概念

1. 阴阳

阴阳是《周易》的基本概念。《周易》把纷繁复杂的世界高度抽象为"阴""阳"两个概念,这是一种高度简化的宇宙模型,也符合二进制原理。

阴阳最初指日光的向背,向日为阳,背日为阴。中国古代思想家看到一切现象都有正反两方面,就用阴阳这个概念来解释世界两种对立和相互消长的现象或物质。基于古老的阴阳理论,古人认为天道有阴阳,地道有柔刚,人道有仁义,天地人是普遍联系的,因此它们的发展与变化也遵循同样的法则。

《周易》中阳爻的符号是 ▬ ,阴爻是 ▬▬ 。

《周易》的核心内容是阴阳符号,由阴阳符号排列组合生成八卦与六十四卦符号（见图3-5）。《周易》中这些符号以及它们推演变化的过程,是中国古人对复杂的自然界、人自身,乃至人类社会的高度抽象与模拟,反映了系统思维、整体思维和普遍联系的思维方式。

现代计算机科学的二进制数学原理与《周易》的原理是高度一致的。可以说,现代人用电子计算机进行运算与模拟,而古人用算筹进行运算与模拟,二者之间没有本质的区别。

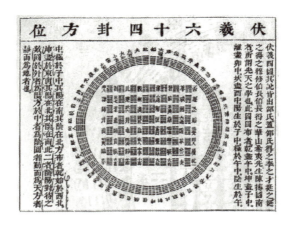

图 3-5 伏羲六十四卦方位图

图 3-6 邮票上的莱布尼茨画像

二进制的发明者、德国著名数学家莱布尼茨（1646—1716）从二进制数学角度解释了六十四卦方位图。他在给友人的信中说："《易经》，也就是变易之书，在伏羲的许多世纪以后，文王和他的儿子周公以及在文王和周公五个世纪之后的著名的孔子，都曾经在这 64 个图形中寻找过哲学的秘密……这恰是二进制算术……在这个算术中，只有两个符号：0 和 1，用这两个符号可以写出一切数字。"图 3-6 邮票上莱布尼茨画像。

　　另有资料显示，量子力学的创始人玻尔（1885—1962）在1937年访问中国时，了解到中国的阴阳概念，对太极图产生了高度兴趣，认为他一生研究的量子力学的互补概念就蕴含其中。后来玻尔因为其科学成就被封为爵士，他亲自设计家族的族徽，即以太极图为主要图案，并刻上了"对立即互补"。

图 3-7　玻尔族徽

　　当前，世界易学研究方兴未艾，现代著名哲学家冯友兰临终遗言："中国哲学将来一定会大放光彩，要注意《周易》哲学。"

　　2. 八卦

　　《周易》中有八个基本符号，专用名词叫作"八卦"。八卦是阴阳符号经过三步排列组合生成的，即二的三次方。

　　《周易·系辞上》："是故易有太极，是生两仪，两仪生四象，四象生八卦。"这里的"太极"是派生万物的本原，八卦是太极发展的产物。八卦是三画卦，阴阳爻在三个爻位排列组合，最多有八种不同的结果。《易传》作者认为八卦主要象征天、地、雷、风、水、火、山、泽八种自然现象，还可以对应人体、社会中的各种象，"以类万物之情"。

图 3-8 为太极生成八卦的过程（由下向上生发），以及卦名、卦符示例如下：

乾 ☰、兑 ☱、离 ☲、震 ☳、巽 ☴、坎 ☵、艮 ☶、坤 ☷

老阳 ⚌、少阴 ⚎、少阳 ⚍、老阴 ⚏

阳爻 ⚊、阴爻 ⚋

太极 ☯

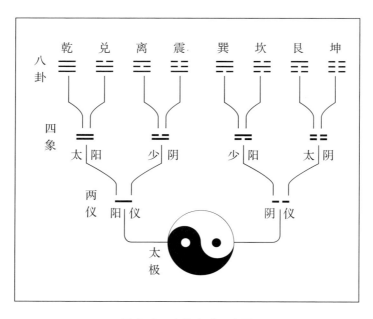

图 3-8　八卦生成示意图

为了方便记忆，宋代大儒朱熹编了《八卦取象歌》："乾三连（指三根实线），坤六断（指三根虚线分成六段），震仰盂（仰着的盆），艮覆碗（扣着的碗），离中虚，坎中满，兑上缺，巽下断。"

3. 六十四卦

六十四卦是八卦两两相重而生成的六十四个新的符号。六十四卦是六画卦，又称六爻卦、重卦、别卦。阴阳爻在六个爻位排列组合，最多有六十四种不同的结果。伏羲先天六十四卦方圆图见图3-8。

为了方便记忆，朱熹编了《上下经卦名次序歌》：

乾坤屯蒙需讼师，

比小畜兮履泰否，

同人大有谦豫随，

蛊临观兮噬嗑贲，

剥复无妄大畜颐，

大过坎离三十备。

咸恒遁兮及大壮，

晋与明夷家人睽，

蹇解损益夬姤萃，

升困井革鼎震继，

艮渐归妹丰旅巽，

兑涣节兮中孚至，

小过既济兼未济，

是为下经三十四。

　　周易符号的产生与演化，模拟了事物发展的一般规律。《周易》还有解释符号的文字，阐发人们对符号、符号顺序以及符号之间关系的认识。传统儒家认为《周易》的作用是推天道以明人事，即自然界、人自身、人类社会遵循同样的规律，可以用自然界的规律来类推人与人类社会的规律。道家认为"人法地，地法天，天法道，道法自然"，这是说物质世界的天地人与精神世界的道都受到统一规律支配。中国传统文化认为，君子的行为要符合天道与自然规律，这种"天人合一"的思想在《周易》中有系统的体现。《周易》阐述了为人处世的许多智慧，这些智慧都是从自然界的各种现象归纳总结出来的。

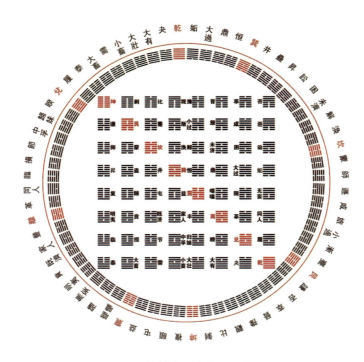

图 3-9　伏羲先天六十四卦方圆图

古人从六十四卦中总结了许多为人处世的智慧。由于《周易》在中华文化中地位非常重要，所以其中的法则与人生智慧对中国社会的影响极为深远，是中华民族生生不息的精神动力之源。

（六）周易主要哲理

1. 龙的传人

（1）周易与龙

在古代，《周易》是一种帝王之学，表现出强烈的主宰意识。

《周易》传说中的作者们都是君主与圣贤，而历代王朝把《周易》立为官学，《周易》自古就是官方的正统学问。《四库全书总目提要》："《御纂周易述义》于乾卦发例曰：'诸爻皆龙，而三称君子，明《易》之立象皆人事也'，全书纲领具于斯矣。"这句话的意思是说，《周易》推天道以明人事，乾卦开篇就说"龙"，又说"君子"，这是以"龙"为象征来阐述君子治国的道理。

乾卦是《周易》六十四卦的第一卦，通篇都是论述"龙"。《周易》开宗明义、开门见山，可见《周易》与龙必然有着极为密切的关系。

《周易》的第二卦坤卦也提到了龙。还有《周易·系辞》："往者屈也，来者信（伸）也，屈、信（伸）相感而利生焉。尺蠖之屈，以求信（伸）也。龙蛇之蛰，以存身也。精义入神，以致用也。利用安身，以崇德也。过此以往，未之或知也。穷神知化，德之盛也。"

《周易》中的龙是君子的比喻。孔子在帛书《二三子问》中说得很明确，他说："（龙）名之曰君子"。因此《周易》在先秦时期是给治国者看的经典。图3-10为马王堆汉墓帛书《二三子问》。

图 3-10　马王堆汉墓帛书《二三子问》

　　到了春秋战国时期，由于礼崩乐坏，贵族体制解体。"君子"的本义是贵族，而此时不再局限于血统与出身了，只要具有君子品德，都可以称君子。与此社会变迁相适应，《周易》也开始流传到民间。

　　宋朝的张载曾经说："易为君子谋，不为小人谋，故撰德于卦，虽爻有小大，及系辞其爻，必谕之以君子之义。一物而两体，其太极之谓与！阴阳天道，象之成也；刚柔地道，法之效也；仁义人道，性之立也。叁才两之，莫不有乾坤之道。"①

　　龙图腾的出现，反映了中华民族先民自我意识的觉醒。古人说"龙性难驯"，中华民族不屈不挠的精神就是来源于此。我们的国歌有"起来，不愿做奴隶的人们"，体现了强烈的主人翁意识。关于"龙"

①　语出张载《正蒙》大易篇第十四。张载，字子厚，陕西凤翔人（公元 1020-1077 年）。张载是北宋时期儒家代表人物。他是陕西横渠人，世称"横渠先生"。

的图腾文物如图 3-11、图 3-12、图 3-13、图 3-14 所示。

图 3-11　濮阳西水坡遗址 M45 墓蚌塑龙（濮阳市戚城博物馆供图）

图 3-12　洛阳二里头绿松石龙形器

图 3-13 安阳殷墟小屯 M18 铜盘　　图 3-14 安阳殷墟小屯 M18 铜盘龙纹

（2）心法

《周易》的"易"，有易简、变易、不易三种含义。"一阴一阳之谓道"就是《周易》当中"不易"的部分之一。《周易》认为阴阳之间的关系是恒常不变的，或者说，虽有万变，而不离其宗。下面我们就从"恒"字为例，谈谈不易的道理。

自古以来，"恒"就是"长久"的意思。[①] 马王堆帛书《周易·系辞》把"太极"称为"大（太）恒"。甲骨文的恒字写作Ⅱ，是月亮在天地之间盈虚轮转的象形，象征着天长地久。到了西周中期，青铜器铭文的恒字写作囤，增加了一个"心"字旁，也是意义符号，来强调人的恒心。青铜器铭文的恒字与后世繁体字"恆"写法一样，而现代规范汉字的"恒"形体稍有变化，其中的"月"改为"日"，以太阳的升降来表达永恒的寓意。

我们看到"恒"字，长久如日月的意义就会一目了然。古老的《诗经·天保》这样吟诵："如月之恒，如日之升。如南山之寿，如松柏之茂。"这些吉祥而优美的诗句，我们今天仍然经常使用，来表达最诚挚的祝福。

古老的经典《周易》是阐述事物变化规律的书，其中却有一篇《恒卦》，是讲解恒常不变道理的。《恒卦》的符号由"雷"和"风"组成，所以《恒卦·象传》这样写道："雷风，恒，君子以立不易方。"《恒卦》反映了中国古人的辩证法思想："变易"与"不易""迅雷疾风"与"日月永恒"和谐地统一起来。

清朝第一位状元傅以渐对此解释说："天下至震动者，莫如雷风。凡人易至仓皇失措，而君子以为此恒也。生平确有把持，自不因惊顿

---

① 这是笔者为中央纪委、监察部机关刊物《中国纪检监察》杂志写的一篇文章中的内容。

变，至变不变，其学乃真。"这句话的意思是：一般人面对迅雷与疾风，容易惊慌失措，而君子因为胸中有恒常不变的真理，自然能够处变不惊，坚持原则，以不变应万变。

中国历史上这样的例子还真不少，最久远的是舜帝的故事。《史记·五帝本纪》记载："舜入于大麓，烈风雷雨不迷，尧乃知舜之足授天下。尧老，使舜摄行天子政。"这段话记录了尧帝考察舜的史实，年轻时的舜在大山中遇到烈风雷雨而不迷失，尧帝由此知道舜的德能可以担当天下的重任，等到尧年老的时候，就让舜代替自己行使天子的权力。

"恒"是自古以来中国人的追求，正如郑板桥的诗所言："咬定青山不放松，立根原在破岩中。千磨万击还坚劲，任尔东西南北风。"孟子说过："有恒产者有恒心，无恒产者无恒心。"然而孟子还说过："无恒产而有恒心者，惟士为能。"——有恒产者有恒心，这是普通人的精神境界，无恒产而能有恒心，只有真正的士才能做到。这就是左宗棠所说的："身无半亩，心忧天下。"这也是当代公仆两袖清风、夙夜在公的精神源泉。可以说，"恒"反映了精神的力量，反映了真理的力量，也体现了勇于担当的主人翁精神。

那么，前面所说的中国传统文化中的恒久"不易方"到底是什么？我们知道，《恒》卦阐述夫妇之道，同时它体现了一种治国理念，也是古人对阴阳关系的高度总结与具体实践。领导者与人民群众的关系是恒久不变的，这种关系，古人形象地称为"视民如伤"。

《左传·哀公元年》："国之兴也，视民如伤，是其福也。"《孟子·离娄下》："（周）文王视民如伤。"所谓"视民如伤"，就是领导者把人民群众当作有伤病的人那样看待，关怀体恤、无微不至，又不敢轻易扰动。这样的治国理念，是从周朝就开始确立的，如果能够始终坚持这样的治国理念，古人认为国家必然蒸蒸日上，人民生生不息。

清乾隆皇帝南巡路过羑里，专门参拜文王祠，并留下诗作，立有御碑。《演易台谒周文王祠》曰："巍巍之台近尺咫，凤凛师承惟四字。"这里的"四字"说的就是文王"视民如伤"，乾隆皇帝说它足为"千古帝王心法"。

孔子在帛书《二三子问》当中说"龙"是神圣的，这种神圣性在于天下归心、群众拥护——"穷乎深沉（ze）[①]，鱼蛟先后之，水流之物莫不随从；陵处，则雷神[②]养[③]之，风雨避向，鸟守（兽）弗干[④]。"领袖是不能脱离群众的，没有群众，哪里有领袖？所以君主要视民如伤、与群众打成一片，要得到人心和人民的拥护，《周易》中这个恒常不变的道理太深刻了！

"视民如伤"是我国优秀传统文化的一部分，对比来看，中国共产党的根本宗旨"全心全意为人民服务"诚然比"视民如伤"思想上更加进步，表述上也更加完善，同时，我们能够清楚地看到二者内在的精神一致性和历史传承性。

不忘初心，方得始终。"要永远与人民同呼吸、共命运、心连心，永远把人民对美好生活的向往作为奋斗目标，以永不懈怠的精神状态和一往无前的奋斗姿态，继续朝着实现中华民族伟大复兴的宏伟目标

[①] 沆，水流，水势。

[②] 神话中主管打雷的神，俗称雷公。《山海经·海内东经》："雷泽中有雷神，龙身而人头，鼓其腹。"

[③] 《说文解字》："养，供养也。从食，羊声。"

[④] 《说文解字》："干，犯也。犯，侵也。"

奋勇前进。"内在的精神必然外化在行动上，正如《周易·家人》说：
"君子以言有物而行有恒。"只要我们一件事情接着一件事情办，一年
接着一年干。"驽马十驾，功在不舍；锲而不舍，金石可镂。"中华民
族伟大复兴的目标一定会实现。

2. 与时俱进

（1）什么是"卦时"

古人说：识时务者为俊杰。"与时俱进"是《周易》中最重要的
智慧之一。"与时俱进"来源于《周易》的"与时偕行"。"时"是《周
易》的重要概念。

时间是永不停止的，就像是滔滔的江河水，奔流不息，所以孔子
在川上感叹说："逝者如斯夫，不舍昼夜。"时间的存在证明了物质的
运动和变化，《周易》就是研究事物变化的书。

顾炎武曾说："日往月来，月往日来，一日之昼夜也。寒往暑来，
暑往寒来，一岁之昼夜也。小往大来，大往小来，一世之昼夜也。
'子在川上曰：逝者如斯夫，不舍昼夜。'通乎昼夜之道而知，则终日
乾乾，与时偕行，而有以尽乎易之用矣。"

三国时期的王弼说："卦者，时也。"六十四卦，就是六十四种
"时"，这六十四种"时"分别代表事物发展过程中的六十四种状态，
或者说类型、阶段。虽然时间永不停止、永远是新的，但是我们遇到
的新情况还是可以分类的。

《周易》就是把事物发展中的各种情况分成了六十四类状态，就
是六十四"时"。事物的发展是形形色色、千差万别的，但是它们所
处的状态，基本可以分成这六十四种情况，就好像每一年不论天气有
什么样的变化，都可以分成春夏秋冬四季，其道理是一样的。

人的发展离不开"时"，就好像桃花很难在冬天开花，果树也不会在春天结果，如果你的时到了，各种事情都会很顺利；如果时不到，各种事情都会不顺利。所以，各种事情急不得，也烦恼不得。圣人说："故君子居易以俟命，小人行险以徼幸。"——这就是君子和小人的根本差别之一。君子是要识时务的，是顺势而为的。《周易》说"待时而动"，还说"时止则止，时行则行，动静不失其时，其道光明"。古人说"识时务者为俊杰"，要客观地认识到所处的"时"是什么，然后根据外部的"时"来调整自己的行为，让环境为自己服务，让"时"为自己服务。而且，这个世界上没有一劳永逸的事情，因为"时"的变化一刻也不会停止，"时"会"穷"，"穷"的时候就要"变"，"变"就是"趋时"，变了才会重新亨通。时代对人的挑战一刻也不会停止，人要勇于应对挑战，而这种"挑战—应对"模式——按照英国历史学家汤因比《历史研究》的理论，就是人类文明进步的动力之一。

我们不能犯"左"的错误，也不能犯"右"的错误。在"时"不到的条件下，我们不能冒进，如果冒进，有可能发生无价值的牺牲。也不能落后于时代，如果落后于时代，我们就可能被时代淘汰。所以我们要"与时俱进"。君子不能冒进，也不能落后，要恰如其分，也就是说实事求是。所以说"实事求是"就是《周易》的灵魂之一。"实事求是"就是不"左"也不"右"，一切都从实际情况出发，客观地认识周围的环境与世界，来调整自己的言行，来为自己的生存、发展和长久服务。《周易正义》疏解《恒卦》云："恒，久也。恒久之道，所贵变通。必须变通随时，方可长久。"

民间流传着北宋名臣吕蒙正的一篇《寒窑赋》，其中就讲了许多关于"时"的道理，读来发人深省，撷取如下："盖闻天有不测风云，人有旦夕祸福。……文章盖世，孔子厄于陈蔡；武略超群，姜公钓于渭水。……才疏学浅，少年及第登科；满腹经纶，皓首仍居深山。……蛟龙无雨，潜身鱼鳖之中；君子失时，拱手小人之下。……有先贫而后富，有老壮而少衰。天不得时，日月无光；地不得时，草木不生；水不得时，风浪不平；人不得时，利运不通。"世界就像是一个万花筒，大千世界，无奇不有，一切皆有可能，所有的可能性都会随着时间的推移而展示在人们面前。古诗有言"时来天地皆同力，运去英雄不自由"，可见，对我们来说，"时"是多么重要，是多么值得研究啊！

中国文化一直高度重视"时"，例如《易传·系辞下》说："藏器于身，待时而动。"《列子》言："凡得时者昌，失时者亡。"《吕氏春秋·孝行览》："事之难易，不在小大，务在知时。"《管子·霸言》："圣人能辅时，不能违时；智者善谋，不如当时；精时者，日少而功多。"《荀子·仲尼》："故君子时诎则诎，时伸则伸。"《荀子·王霸》："则上不失天时，下不失地利，中得人和，而百事不废。"《战国策》："圣人不能为时，时至而弗失。"

（2）孔子是与时偕行的榜样

孔子是识时务的人。《孟子·万章下》："伯夷，圣之清者也；伊尹，圣之任者也；柳下惠，圣之和者也；孔子，圣之时者也。孔子之谓集大成。集大成也者，金声而玉振之也。"

《孟子》列举了四位圣人，其中孔子是集大成者。其他三位圣人我们暂且不表，仅说孔子。孔子是"圣之时者"，即识时务的圣人。

《论语·微子》也记载了孔子类似的话，孔子对历史上伯夷、柳下惠等圣人给予了高度评价，然后说自己"我则异于是，无可无不可"。学者认为，这里的"无可无不可"，说的是事物没有什么绝对不变的，也没有固定的应对方法，一切都应相机行事、依时而定。

《论语·里仁》记载了孔子的另一段话："子曰：'君子之于天下也，无适也，无莫也，义之与比。'"这是说君子对于天下的事情，没有限定一定要怎样做、不要怎样做，怎样符合道义就怎样做。这里反映了孔子对《周易》的深刻理解，孔子认为一切都不是固定不变的，都要顺应时势，相机而动，遏恶扬善，维持道义，并获得最佳效果。《论语·子罕》记载："子绝四：毋意，毋必，毋固，毋我。"这里记录了孔子戒绝的四件事情——不任意、不专断、不固执、不自以为是，这从反面表达了孔子顺应时势、灵活应变的主张。

"时"是孔子提倡的重要思想。孔子说："君子中庸，小人反中庸。君子之中庸也，君子而时中。"孔子这种"时中"的思想，即"趋时得中"，要求跟上时代变化、时刻保持中庸的状态，实际上就是"与时偕行"。"得中"是"不易"，是一种恒常不变的原理；"趋时"是"变易"，是变化的原理；变则通，所以《周易·系辞》说："变通者，趣（趋）时者也。"

孔子非常重视"时"，还表现在《彖传》对十二个"卦时"着重做了感叹。这种对卦时的感叹用"大矣哉"来表示。感叹的口气很像孔子的，类似帛书《二三子问》。

这十二个感叹卦分别如下：

一、时大矣哉

颐之时大矣哉！

大过之时大矣哉！

解之时大矣哉！

革之时大矣哉！

人生在世，会遭逢不同的时运，时运是不以人的意志为转移的。这四个感叹卦，一是治时，即"颐养"之时；二是乱时，即"大过"之时；三是离散时，即"解缓"之时；四是改易时，即"变革"之时。这四种时运对人的影响很大，所以孔子感叹"大矣哉！"

二、时义大矣哉

豫之时义大矣哉！

随之时义大矣哉！

遁之时义大矣哉！

姤之时义大矣哉！

旅之时义大矣哉！

这五个卦，分别表示"逸乐之时""相随、相遇之时""隐遁、羁旅之时"等，因为五个卦名不能完全表达其代表的卦时意义，所以孔子特别点出了"时义"，提醒人们注意其中蕴含的深刻意义。

三、时用大矣哉

险（坎）之时用大矣哉！

睽之时用大矣哉！

蹇之时用大矣哉！

三国时期的学者王弼认为：睽与蹇之时，只有大人君子能够有所作为，能够用世，所以说"时用大矣哉"。

而坎险之时，如果家国有虞，就要设险防难，即"王公设险以守其国"。《坎》卦的用，是有条件的大作用，而不是平常的用，所以也说"时用大矣哉"。

《周易》的核心是一个符号系统，有严密的结构，64卦，384爻。每一条卦爻辞，都是特定情况下的箴诫之语。它的价值在于历代圣贤对符号系统的解释，这些符号就是万事万物的"代数学"——这是一个智慧宝库。圣贤的感悟，赋予了符号意义，于是《周易》就有了思想。我们研究《周易》也主要研究古代圣贤们的思想，学习他们的过人之处。我们要活在当下，时时与往事干杯，放下以往的包袱，把自己清零，轻装上阵，同时又不冒进，时行则行，时止则止，这就是实事求是的精神。

孔子在春秋末期世道衰微的情况下，创办私学，删定五经，开创了儒家学派，培养了大批人才，被后人美誉为"金声玉振"，成为大成至圣先师、万世师表，是与时偕行的极好榜样，无愧于"圣之时者也"的评价。这就应了《周易·文言》所说的："其唯圣人乎！知进退存亡，而不失其正者，其唯圣人乎！"

3.生生不息

读者朋友们，如果有人问你什么是"易"？我们可以从《周易·系辞》中找到答案："生生之谓易"。阴阳和合、生生不息，是《周易》的微言大义，也是《周易》所阐述的大道的落脚点，《周易》所有论述都是围绕这个目的而展开的。《周易·系辞》说："天地之大德曰生。"就是掷地有声的结论。

　　《周易》最核心的部分是符号系统。符号系统的衍生史，就是生生不息的道理的具体演示。太极生两仪，两仪生四象，四象生八卦，八卦两两相重生成了六十四卦。

　　《周易》的基本符号是：

　　太极 ☯

　　两仪：阳爻 ▬ 、阴爻 ▬▬

　　四象：老阳 ▬ 、少阴 ▬ 、少阳 ▬ 、老阴 ▬

　　八卦：乾（天）☰、兑（泽）☱、离（火）☲、震（雷）☳、
　　　　　巽（风）☴、坎（水）☵、艮（山）☶、坤（地）☷

　　这些符号之间的生成关系见图 3-15：

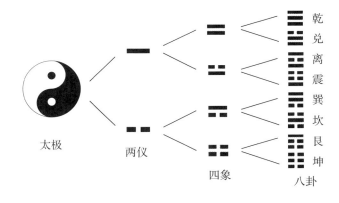

图 3-15　六十四卦生成图

　　如果把八个基本卦两两相重，就生成了六十四卦次序图（见图 3-16）：

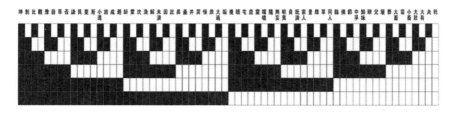

图 3-16 六十四卦次序图

甲骨文的生字写作 ，字形是地平线上一株植物生长出来。植物从地下往上生长，首先抽芽，然后生出枝杈。生长是向上的，是蓬勃的，是由小到大的，所以，《周易》的卦符也是从下往上画的。《周易》有六十四卦，每一个卦都有六个爻，第一个爻在最下边，叫作初；上边的爻叫作二，再上边叫作三，再上边叫作四，再上边叫作五，最上的爻叫作上。卦符由下往上画，符合事物生长的规律，是对大自然实际情况的模拟。

《周易》的六十四卦，是由太极、阴阳派生出来的，所以《系辞》说"生生之谓易"。大家看，这宇宙中没有一样东西不是阴阳和合而生出来的，宇宙无穷无尽，生生也不会停止。这就是"天地之大德曰生"，这就是"富有之谓大业，日新之谓盛德"。

有生就有死，但是《周易》不言死，所以《周易》秉持的是一种积极的价值观。万物生生不息，日新月异，所以《周易》秉持的是一种发展的历史观。

这样一部伟大的经典，是用来指导人们开物成务的。什么是"开物成务"？据三国时期的陆绩说，开物是圣人推演八卦、六十四卦、三百八十四爻、一万一千五百二十策，以象征世间万物；成务是圣人根据卦象和周易生发的原理，创造出来各种各样的工具，如房屋、渔网、耒耜等等，成就各种实务。

《周易》理论来源于实践，《周易》理论又指导了实践。中华先民用《周易》为理论武器，以我为主，与时偕行，开物成务，生生不息，在世界的东方繁衍生息，成为世界一大民族。所以说《周易》是一部指导中华民族求生存、求发展、求长久的智慧宝典。

这就是《周易·系辞》所说的："乾道成男，坤道成女。乾知大始，坤作成物。乾以易知，坤以简能。易则易知，简则易从。易知则有亲，易从则有功。有亲则可久，有功则可大。可久则贤人之德，可大则贤人之业。"

4. 做事谋始

世界上有一种"药"需求量很大，但是买不到，这就是后悔药。后悔是每个人都会经历的情感创伤，受到伤害的时候，人们总是"悔不当初"。时间一去不再复返，覆水难收、破镜难圆，开弓没有回头箭。古人说"往者不可谏，来者犹可追"，我们在任何时候，都应该反省自己、亡羊补牢。但是最好还是避免后悔和亡羊补牢。

俗话说，善始才能善终，这就像穿衣服扣扣子一样，如果第一粒扣子扣错了，剩余的扣子都会扣错，所以人生的扣子从一开始就要扣好。

《老子》："合抱之木，生于毫末；九层之台，起于累土；千里之行，始于足下。"

《管子·霸言》："圣人畏微，而愚人畏明。"

范晔《后汉书·桓荣丁鸿列传》："夫坏崖破岩之水，源自涓涓；干云蔽日之木，起于葱青。禁微则易，救末者难，人莫不忽于微细，以致其大。"

这些道理告诉我们要做事谋始，慎始慎初，防微杜渐，这是《周易》的重要思想。

《周易》的第一卦——《乾》卦的初九爻辞说："潜龙勿用。"古人认为，天地的元气生发，从"建子"的月份开始，子月即建子之月。古人从十一月建子，为子月，十二月为丑月，一月为寅月，二月为卯月，三月为辰月，四月为巳月，五月为午月，六月为未月，七月为申月，八月为酉月，九月为戌月，十月为亥月。子月阳气微弱，潜藏在地下，所以说"潜龙勿用"，君子看到这样的天象，在初入道时，要潜藏而不要施用才能，否则就有可能被小人伤害。《乾》卦的初九爻，就类似刘邦作泗水亭长的时候，也类似舜帝年轻的时候渔猎于雷泽。

《周易》的第二卦——《坤》卦的初六爻辞说："履霜，坚冰至。"所谓"履霜，坚冰至"，就是见微知著，见到霜露，就知道天气渐渐变得寒冷，冰天雪地的日子就要到来了。古代学者干宝认为农历五月是一年的盛夏，而这个时候阴气就开始生发了。七月流火，九月授衣，十月蟋蟀入我床下。阴气生发，必然至于"履霜"，然后"坚冰至"。《周易》推天道以明人事，就是用自然现象来阐述人世间的道理。《坤卦》初六的爻辞就是告诉人们：要防微杜渐，提前准备，祸事往往生于一个恶念，要早做控制，如果顺其发展，必然积小成大，祸乱就会发生。《周易·文言传》说："臣弑其君，子弑其父，非一朝一夕之故，其所由来者渐矣，由辩之不早辩也。"所以这个爻告诉我们：防备小人要趁早，以免养虎为患。

《周易》的第三个卦是《屯》卦。《乾》和《坤》就好像《周易》这部书的两扇门，进了门以后，就会看到《屯》卦。《屯》卦象征万物初生、创业维艰之时。甲骨文的"屯"字写作 ，是一个象形字，植物刚刚从地下发芽的样子，表示万物初生。万物初生的时候都是很困难的，万事开头难啊！所以《屯》卦代表着困难。在一开始很困难的时候应该怎么办呢？

《屯·大象传》说："君子以经纶"，就是君子要提前做好缜密的计划，一定要认真地想好了再做、想好了再说，千万不要将来买后悔药吃。《屯·彖传》说："天造草昧，宜建侯而不宁。"这句话是说在万事草创的时候，古代的君王效法自然，建立诸侯、抚恤万方，而不得安宁。

我们说"屯"字是植物发芽的象形，所以要重视事情的"开端"，那么甲骨文的"端"字怎么写呢？甲骨文"端"字写作λ（耑），它的上半部为植物破土而出、生长发芽的样子，中间的横线像地面，下半部是植物根系的形状。"耑"是"端"的初文，属于会意字，它以植物初生的样子来表示"初始""发端"的抽象意义。正如《说文解字》所说："耑，物初生之题也。上象生形，下象其根也。"植物在生发的时候，要首先扎根，把根系在地下分布得很严密，这就好像古代君王的"宜建侯而不宁"，培植势力，根系发达了，才能长得好。

战国以后，"耑"字增加了"立"，演变成端（端）字。"端"是一个形声字，"立"是象形符号，"耑"是声音符号。"端"除了表示"初始"，还有人体站立"端正""端直"的意思，引申为人的品德"正直"。《说文解字》："端，直也。从立、耑声。"《论语》说孔子"割不正，不食；席不正，不坐"。《韩诗外传》也记载孟子的母亲怀孕的时候"席不正，不坐；割不正，不食；胎教之也。"这里的"割"，指古人宰杀家畜时分解肉食的方法，如果不按古人特定方法切割，就叫作"割不正"，这样的肉圣贤不吃；"席"指古人的坐席，如果坐席不端正，圣贤就不坐。这两个典故，反映了中国古代圣贤十分重视小事与细节，在胎教方面也慎始慎初，以加强对"端正"品德的培养。

我们知道《周易》有"易简""变易"和"不易"。阳阴、天地、善恶、忠奸等都有不易的正位，"正"是不易的规律，正如文天祥的"正气歌"所说："天地有正气，杂然赋流形。下则为河岳，上则为日星。于人曰浩然，沛乎塞苍冥。皇路当清夷，含和吐明庭。时穷节乃见，一一垂丹青。"学习《周易》的目的，不是让人变成"变色龙"，正气是永远不变的。

《周易·大壮·象》："雷在天上，大壮，君子以非礼弗履。"

《周易·大壮·彖》："大壮利贞，大者正也；正大，而天地之情可见矣！"

总结起来，"端"有"发端"与"端正"两方面意思，二者不可偏废。品德端正体现在细微处，也应该从小事、从小时开始培养，要慎始慎初，防微杜渐。初心一定要端正，如果初心不正，那么失之毫厘，谬之千里！

《周易》的第六个卦是《讼》卦，象征着"争讼之时。"表示君子与人出现纠纷了，发生矛盾了，而且矛盾还比较激化，到了要诉讼的程度。

子曰："人无远虑，必有近忧。"《讼·大象传》说："天与水违行，讼，君子以作事谋始。"这句话的意思是：天道西行，江河东流，两相违背，象征着人与人之间的争讼，君子做事要从一开始就谋划好，把各种各样的可能性都列出来，要趋吉避凶。做事的开始要设计一个良好的模式，而且注意不要留下隐患。最早的模式设计好后，就要不忘初心、慎始慎终。

　　我们知道"不忘初心、方得始终",那么初心就要非常重要,如果初心不好,那就不会有好的结果。俗话说"种瓜得瓜,种豆得豆",如果初心不正,将来就会收获大麻烦。

　　《周易》认为言行是人的"枢机",枢机一发,连锁反应就开始了,荣辱就会接踵而来。《周易·系辞》:"言行,君子之枢机;枢机之发,荣辱之主也。"所以人们做事要谋始,在最开始的时候要有一个良善的初心,要有完善的计划,"胸怀大志,腹有良谋",慎始慎初,做事谋始,这是《周易》对我们非常重要的一个告诫。

　　《帛书周易·系辞下》:"初大要,存亡吉凶则将可知矣。"讲的就是开头重要的道理。

　　《周易》告诉我们要坚守正道;而对于暂时看不明白的事情,我们要仔细观察兆头,如果兆头好,就可以继续做下去,如果兆头不好,就要及时停止,并加以修正。任何隐患都要做好修补,任何错误都要及时改正,要未雨绸缪、防患于未然。

　　有多篇历史文献记载"纣作象箸而箕子泣"。商朝末年,商纣王用象牙筷子吃饭,商朝的贤人、商纣王的叔叔看到后痛哭流涕。箕子认为,如果用了象牙筷子,必然要用玉做的杯子与它配套,用象牙筷子吃的东西呢,必然是珍馐美味、龙肝豹胆,而吃饭的地方必然是亭台楼阁。君王铺张浪费、奢靡腐化,必然横征暴敛,人民必然负担沉重。箕子从商纣王用象牙筷子,看到了不好的兆头。

　　中国自古就有了一种智慧,就是做试点,即做事之前,先做试点,看看兆头如何。这种试点,其实就是社会实验,先搞试点,然后推广,这也是中国人的智慧。

　　《周易》做事谋始、慎始慎初、防微杜渐的思想,还体现在每一卦的初爻。仔细研读这些爻辞和对应的《彖传》《象传》，能够增长我们的智慧。见萌则知其壮，见花则知其果，叶落而知秋，见微而知著，这也是《周易》预测的原理之一。

5. 积善之家必有余庆

《周易》理论的落脚点是以变通求长久，而坑人害人是长久不了的。所以，"善"是《周易》最重要的概念之一。孔颖达说：《易》之于人，正则获吉，邪则获凶。"《周易》中的正邪不两立的思想是值得我们深入体悟的。

（1）《周易》以善开篇

《周易》的第一句话是："乾，元亨利贞。"这里的"乾"是第一个卦 ☰ 的卦名，第二个字"元"又是什么意思呢？《周易·文言传》说："元者，善之长（zhǎng）也。"所以，《周易》开篇就是从"大善"说起的。

乾卦是《周易》开篇第一卦，"乾"代表自然界的"天"，卦德是"刚健"，《大象传》说"天行健，君子以自强不息。"天行刚健与君子自强不息的目的是什么呢？都是长（zhǎng）养万物，这就是"天地之大德曰生"。使得万物生长，这就是最大的"善"。孔颖达《周易正义》说："言圣人亦当法此卦而行善道，以长万物，物得生存而为'元'也。"

前边我们讲过了万事万物"生生不息"是《周易》阐述的一个基本原理。不仅我们自己要生生不息，而且还要帮助万物生生不息，这就是"善"。

所以《周易》开篇就讲"元"的道理。孔颖达引用庄氏云："'元者善之长'者，谓天之体性，生养万物，善之大者，莫善施生，元为施生之宗，故言'元者善之长'也。"

"元"字的甲骨文写作𠑺，它是一个侧面站立的人形，有胳膊有腿，并突出了人的头部。我国最早的辞典《尔雅》解释："元，首也"，所以，"元"是一个指事字，本义就是指人的头。

"元"字由"头"的本义，引申出"首长""第一""开始""最重要的"等意义，例如《左传·襄公九年》记载："元，体之长（zhǎng）也。"直到今天，我们仍然习惯称呼国家领导人为元首、最高军衔为元帅、第一年为元年、新年第一天为元旦。

《元日》是一首著名的古诗，诗中写道：

> 爆竹声中一岁除，春风送暖入屠苏。
> 千门万户曈曈日，总把新桃换旧符。

元日，也叫元旦，是新年的第一天。辛亥革命以后，中国采用了公历，仍然把新年第一天称为元旦，而把农历的新年改为春节。

过了冬至不久就是元旦，白天变得越来越长，夜晚越来越短，阳气开始生发，万物萌动，焕然一新，春天的脚步悄悄地来临，人们用"一元复始，万象更新"来形容这个时节。

《周易》的第一句话："乾，元亨利贞。""乾"指的是天象，天象四季运行，永不止息，刚健有为，化育万物，古代的君子效法天象以自勉，这就是"天行健，君子以自强不息"，体现了古人"天人合一"的宇宙观。"元亨利贞"的解释传统说法是分别象征着春、夏、秋、冬四季。四季循环不止，"元"代表春天，又是一个春天到了，所以叫作"一元复始"。

自古以来，"元"就是受人喜爱的字。中国历史上第一个年号是汉武帝的"建元",汉武帝的其他年号是"元光""元朔""元狩""元鼎""元封"等。唐朝的鼎盛时期在唐玄宗"开元"年间,史称"开元盛世"。到了十三世纪,中国人建立了一个横跨欧亚大陆、幅员辽阔的多民族国家。元世祖忽必烈在至元八年,接受刘秉忠的建议,将蒙古改名为"大元",取《周易》"大哉乾元"之意,这就是元朝国号的由来。忽必烈在至元九年,即公元1272年,改中都为大都,元大都(今北京城)从此正式成为全国的政治中心。

中国曾经是世界上最富强的国家,可是近代曾经沦为半殖民地、半封建社会,为了救亡图存,无数的志士仁人做了可歌可泣的斗争与牺牲。抗日战争时期,中华民族到了最危险的时候,在最黑暗的日子里,哲学家冯友兰写了著名的"贞元六书"。作者认为,正如天道循环、周而复始,国家的气运也有"元亨利贞"四时,而当时的中国正处于最低谷的"贞"的阶段,"贞"下必然起"元",冬天必将过去,祖国的春天也必将到来。

历史已经证明,中华民族全民族抗战是民族觉醒和复兴的前夜,中华民族在中国共产党的领导下度过了漫长的冬天,迎来了伟大复兴的春天。这种"贞下起元"的哲学,是我们民族智慧的结晶,也是鼓励中华民族战胜一切困难、乐观向上、生生不息的精神力量之一。

(2)古代的仁义观念

儒家为什么重视"善"呢?因为儒家认为"善"是人的本性,应该发扬,这样人类社会的整体才会和谐。我们知道,阴阳思想是《周易》的基本思想,万物莫不有阴阳,天有阴阳,地有阴阳,人也有阴阳。什么是人道的阴阳呢?

《说卦传》有言:"昔者圣人之作易也,将以顺性命之理,是以立天之道曰阴与阳，立地之道曰柔与刚，立人之道曰仁与义。"所以，人道的阴阳就是"仁义"。

孔子说"仁者爱人"，还说"己欲立而立人，己欲达而达人""己所不欲，勿施于人"等，表达的是"物我为一"的善念。

《周易》的《传》非常重视"善"。例如：

《文言传》说："积善之家，必有余庆；积不善之家，必有余殃。"

《系辞传》说："善不积，不足以成名；恶不积，不足以灭身。"

《系辞传》还说："子曰：'君子居其室，出其言善，则千里之外应之，况其迩者乎；居其室，出其言不善，则千里之外违之，况其迩者乎。'"

《益卦·大象传》："风雷，益，君子以见善则迁，有过则改。"

《大有·大象传》："火在天上，大有，君子以遏恶扬善，顺天休命。"

《论语·季氏》记载了孔子的话："见善如不及，见不善如探汤。"意思是，君子看到善事就唯恐来不及似的赶紧去做，看到不善的事情就好像碰到沸水那样立刻收手。《孟子·公孙丑上》："君子莫大乎与人为善。"《尚书》说："德无常师，主善为师，"又说"善无常主，协于克一。"

另外，古人还看到了积德行善对自身来讲是有益处的。古人告诫我们，多做对大众有益的事情，这就是"仁"，是"爱"，也是"善"，做了对大众有益的事情，自己最终也会受益。《左传·襄公二十三年》："祸福无门，唯人所召。"《老子》第七十九章："天道无亲，常与善人。"孟子说："爱人者，人恒爱之；敬人者，人恒敬之。"另外，善有善报，这也是社会科学研究的成果，例如法国著名社会学家马塞尔·莫斯写的《礼物：古式社会中交换的形式与理由》，就阐明了一个道理：人所送出的礼物，最终会回到主人的身边。

行善以修德为基础，《周易》的六十四卦讲的都是修德行善以防止祸患的道理。

6.谦有四益

《周易》当中有一个卦特别好，这里要重点给大家点出，那就是《谦》卦。

自以为了不起的人，一定是浅薄的。面对无穷无尽的历史长河，即使是伟大的人物，也不过是沧海一粟、微不足道，所以明智的人一定是谦虚的。

《谦》卦的卦符是☷☶，艮下坤上，卦象是"地中有山"。

《谦》：亨。君子有终。

初六：谦谦君子，用涉大川，吉。

六二：鸣谦，贞吉。

九三：劳谦，君子有终，吉。

六四：无不利，撝谦。

六五：不富以其邻，利用侵伐，无不利。

上六：鸣谦，利用行师征邑国。

《彖传》：谦，亨。天道下济而光明，地道卑而上行。天道亏盈而益谦，地道变盈而流谦，鬼神害盈而福谦，人道恶盈而好谦。谦，尊而光，卑而不可逾，君子之终也。

《大象传》：地中有山，谦，君子以裒多益寡，称物平施。

《小象传》："谦谦君子"，卑以自牧也。"鸣谦贞吉"，中心得也。"劳谦君子"，万民服也。"无不利，撝谦"，不违则也。"利用侵伐"，征不服也。"鸣谦",志未得也。可用行师,"征邑国"也。

自古以来,人们普遍认为《谦》卦是《周易》六十四卦中最好的一个卦。因为《谦》卦的六个爻辞都吉利,这在《周易》六十四卦当中是唯一的。

《谦》卦由《大有》卦发展而来。《序卦》说:"有大者不可以盈,故受之以谦。"这实际上反映了古人的世界观,那就是物极必反,盈而必亏,为了保持长久,就要谦虚谨慎。唐朝崔觐说:"富贵而自遗其咎,故'有大'者'不可盈'。当须谦退,天之道也。"

谦有四益,哪四益呢?《谦卦·象传》说:"天道亏盈而益谦,地道变盈而流谦,鬼神害盈而福谦,人道恶盈而好谦。谦,尊而光,卑而不可逾,君子之终也。"古人认为:谦虚的人,会得到天、地、鬼神、世人的好处,虽然谦卑,反而最终会尊大而光荣。

君子要与时偕行,就要借力,这就是君子"善假于物也"。而只有谦虚的人才能接受外来的资源。如果你不谦虚,你是满盈的,你是傲慢的,那么你就接受不了外来的资源。

《周易》中有一个《咸》卦,"咸"就是"感",这个卦专门论述人们之间的交感。王弼注:"天地万物之情,见于所感也。凡感之为道,不能感非类者也,故引取女以明同类之义也。同类而不相感应,以其各亢所处也,故女虽应男之物,必下之而后取女乃吉也。"《象》曰:"山上有泽,咸。君子以虚受人。"王弼注:"以虚受人,物乃感应。"孔颖达疏:"以此感人,莫不皆应。"

《尚书·大禹谟》:"满招损,谦受益,时乃天道。"

孔子当年和学生到鲁国的太庙里面去,看到了一个容器,发现这个容器是歪的。孔子就问庙里的人这是什么东西,太庙的看守说这叫

"宥坐之器"。孔子马上就明白了，因为他从古书上看到过，今天见到了真东西。孔子说，这个宥坐之器是放在古代的国君身边，起到提醒的作用。它有个特点，虚则欹、中则正、满则覆。孔子让他的学生往这个容器里面加水，空的容器是歪斜的，加的水如果不多不少，刚刚好，这个容器就自动地正了，这就是中则正，如果继续往里面加水，加满了以后，这个容器就倾覆，里面所有的水都会流出来，一滴不剩。孔子感叹说：满则覆！这是自然的道理呀，你们一定要警惕。这个宥坐之器的故事形象地告诉我们，人一定要谦虚，不能自满。如果自满，如果自己认为什么都知道，什么都懂，就接受不了外来的好的建议，也接受不了外来的智慧，接受不了别人给你的好东西，而且有倾覆的危险，所以一定要记住，做人要谦虚。

曹操的《短歌行》有言："山不厌高，水不厌深。周公吐哺，天下归心。"这里提到的这位"天下归心"的周公，传统认为是《周易》的作者之一。周公最推崇的就是《周易》中的《谦》卦。

天子周成王要封周公为诸侯，而周公推辞，周成王就封周公的儿子伯禽到鲁国。伯禽就要到鲁国去了，周公对伯禽有一番告诫。

周公说：你千万不要轻慢鲁国的士人！我是文王的儿子、武王的弟弟、成王的叔父，又担任相国，可以说是位高权重了，但是听说有士人来访，我也一沐三握发、一食三吐哺，唯恐失去士人的欢心。我听说，德行广大的人坚守恭敬的操守就可以更加荣耀，土地博裕的人坚守俭朴的操守就可以安全，禄位尊盛的人坚守谦卑的操守就可以更加高贵，人众兵强的人坚守敬畏的操守就可以取得胜利，聪明睿智的人坚守自以为愚蠢的操守就可以更加受益，博文多记的人坚守自以为浅薄的操守就可以更加广博，这六种操守，都是谦虚的品德。即使贵为天子，富有四海，如果不谦虚，也会败亡，比如夏桀、商纣，所以我们能不谨慎吗？《周易》中有一种大道，从大处说足以守天下，从中处说足以守国家，从小处说足以守自身，这个大道就在《谦》卦当中。

《谦》卦的卦象是"地中有山。"山本来应该在地上，而《谦》卦的象是山在地下，这当然是自然界不存在的现象。"地中有山"的卦象恰恰表现了君子的美德。这种美德，除了我们上述的谦虚、虚以接物、虚怀若谷、自卑尊人，还包括了隐藏自己。谨慎地隐藏自己，这种思想还体现在《周易·坤卦》，卦辞有"括囊，无咎无誉，"《文言传》评价说："盖言谨也。"这是处于从属位置时的大智慧。

在元末农民战争中，公元 1356 年，元朝的水军在采石矶被朱元璋歼灭，朱元璋胜利进入集庆（今南京城）。朱元璋将集庆改名应天府，从此有了一块比较稳定的有发展前途的根据地。此时张士诚、陈友谅、方国珍等农民领袖已纷纷称王称帝，朱元璋征求学士朱升的意见，朱升说："高筑墙，广积粮，缓称王。"朱元璋采纳了朱升的意见，正是在这一方针指导下，朱元璋一步步完成统一中国的大业。自古虚名浮夸误人深，朱元璋这种方针就是谦虚谨慎思想的体现。

《周易·系辞》说："慢藏诲盗"，显摆财富必然招致盗贼。好东西会被人觊觎或者妒忌。老子见孔子时说："良贾深藏若虚，君子盛德，容貌若愚。"古人说："木秀于林，风必摧之；堆出于岸，流必湍之；行高于人，众必非之。"讲的都是类似的道理。所以，贤明的君子对自己的德能都是深藏而不显露的。《周易·坤卦》："六四：括囊，无咎无誉。"这就是俗话说的"真人不露相，露相不真人。"

谦虚并不是伪善，也不是做作，而是一个人的眼光和胸怀到了一定境界之后的自然结果，是面对无穷无尽奥秘、无始无终时空的彻悟。

（七）党的二十大报告提到的周易成语

党的二十大报告指出："中华优秀传统文化源远流长、博大精深，是中华文明的智慧结晶，其中蕴含的天下为公、民为邦本、为政以德、革故鼎新、任人唯贤、天人合一、自强不息、厚德载物、讲信修睦、亲仁善邻等，是中国人民在长期生产生活中积累的宇宙观、天下观、社会观、道德观的重要体现，同科学社会主义价值观主张具有高度契合性。"

党的二十大报告提到的十个成语，有四个出自周易文化。列举如下：

1. 自强不息

"自强不息"出自《周易·乾·象传》。"乾"代表"天"。古人仰观天文，看到各种天体自动运行，永不止息，认识到"君子"应该效法天体运行，刚健有为，发愤自强，奋斗不息，这就是"天行健，君子以自强不息。"这个成语的关键是"自强"，即君子的行为不需要外力驱动，生命不息，奋斗不止。"自强不息"还是清华大学校训的一部分。

2. 厚德载物

"厚德载物"出自《周易·坤·象传》。"坤"代表"地"。古人俯察地理，看到地形平顺，容载万物，认识到"君子"应该效法大地的美德，长育万物，并承担社会重任，这就是"地势坤，君子以厚德载物。"君子的"厚德"包括品德和能力两个方面，君子应该自觉地进德修业，服务社会。"厚德载物"也是清华大学校训的一部分。

3. 革故鼎新

"革故鼎新"出自《周易·杂卦传》。《周易·革》围绕变革的主题展开讨论。而变革的目的，不仅要去除陈旧的东西，更要迎接新兴的未来，所以《周易·鼎》阐述创建新兴事物的规律。《革》和《鼎》的道理，被古人总结为"革故鼎新"。"革故鼎新"反映了矛盾的对立统一规律，是朴素的唯物辩证法思想。

4. 天人合一

北宋张载在其《周易》学术著作《正蒙·乾称篇》中，提出"天人合一"概念。中华文明历来崇尚天人合一，追求人与大自然的和谐共生。庄子提出过"天地与我并生，而万物与我为一"。周易文化的基本原理是推天道、明人事。《周易·文言传》："夫大人者，与天地合其德，与日月合其明，与四时合其序。""天人合一"的理念，说明人与自然都受到客观规律的支配，人应该与自然和谐共生。

中华优秀传统文化源远流长，周易文化是源头活水之一。为了深刻理解把握"两个结合"，坚定文化自信，推动中华优秀传统文化创造性转化、创新性发展，我们应该学好周易文化。

图书在版编目（CIP）数据

从甲骨文到周易：安阳历史文化二讲 / 王志轩著 .
北京：新华出版社 , 2024.12.
ISBN 978-7-5166-7805-3

Ⅰ . K296.13-49

中国国家版本馆 CIP 数据核字第 20244FL108 号

从甲骨文到周易：安阳历史文化二讲

著者：王志轩

出版发行：新华出版社有限责任公司

（北京市石景山区京原路 8 号　邮编：100040）

印刷：三河市君旺印务有限公司

成品尺寸：165mm×230mm 1/16　　　　**印张：**7.25　　**字数：**60 千字

版次：2024 年 12 月第 1 版　　　　　　**印次：**2024 年 12 月第 1 次印刷

书号：ISBN 978-7-5166-7805-3　　　　　**定价：**68.00 元

微店

视频号小店

抖店

京东旗舰店

扫码添加专属客服

微信公众号

喜马拉雅

小红书

淘宝旗舰店